Análise comentada
Sermão da Sexagésima
de Padre Antônio Vieira

Professor Jorge Miguel

www.dvseditora.com.br
São Paulo, 2018

Análise comentada
Sermão da Sexagésima
de Padre Antônio Vieira

Copyright© DVS Editora 2018
Todos os direitos para a língua portuguesa reservados pela editora.

Nenhuma parte dessa publicação poderá ser reproduzida, guardada pelo sistema "retrieval" ou transmitida de qualquer modo ou por qualquer outro meio, seja este eletrônico, mecânico, de fotocópia, de gravação, ou outros, sem prévia autorização, por escrito, da editora.

Produção Gráfica, Diagramação: Spazio Publicidade e Propaganda

Dados Internacionais de Catalogação na Publicação (CIP)
(Câmara Brasileira do Livro, SP, Brasil)

Miguel, Jorge
   Análise comentada : sermão da sexagésima de Padre Antônio Vieira / professor Jorge Miguel. -- São Paulo : DVS Editora, 2018.

   Bibliografia.
   ISBN 978-85-8289-181-0

   1. Vieira, Antonio, 1608-1697 - Crítica e interpretação 2. Vieira, Antônio, 1608-1697 - Sermões - Crítica e interpretação 3. Vieira, Antônio, 1608-1697. Sermão da Sexagésima I. Título.

18-18133   CDD-869.5

Índices para catálogo sistemático:

1. Vieira, Antônio : Sermões : Literatura portuguesa : Século 17 : Análise comentada   869.5

Iolanda Rodrigues Biode - Bibliotecária - CRB-8/10014

Ao Professor Raul Edison Martínez, padrinho de meu casamento e de meu filho, amante da música, da vida e da liberdade, a ele dedico esta obra.

O Autor.

Índice

Introdução 1

Padre Antônio Vieira 6

As Partes formais do Sermão 10

Sermão da Sexagésima 13

Capítulo Primeiro
    Parágrafo Primeiro 18
    Parágrafo Segundo 19
    Parágrafo Terceiro 20
    Parágrafo Quarto 22
    Parágrafo Quinto 25
    Parágrafo Sexto 26
    Comentários ao Primeiro Capítulo 28
    A Título de Intertextualidade
    Fernando Pessoa 31

Capítulo Segundo
    Parágrafo Primeiro 32
    Parágrafo Segundo 33
    Comentários ao Segundo Capítulo 35
    A Título de Intertextualidade
    Salomão, filho de Davi, Rei de Jerusalém 36

Capítulo Terceiro
    Parágrafo Primeiro 38
    Parágrafo Segundo 39
    Parágrafo Terceiro 41
    Parágrafo Quarto 43

Comentários ao Terceiro Capítulo 44
A Título de Intertextualidade
Voltaire 49

Capítulo Quarto
Parágrafo Primeiro 51
Parágrafo Segundo 54
Parágrafo Terceiro 56
Comentários ao Quarto Capítulo 58
A Título de Intertextualidade
Erich Fromm 61

Capítulo Quinto
Parágrafo Primeiro 64
Parágrafo Segundo 65
Parágrafo Terceiro 66
Parágrafo Quarto 67
Parágrafo Quinto 69
Comentários ao Quinto Capítulo 71
A Título de Intertextualidade
Padre Manuel Bernardes 74
Antônio Feliciano de Castilho 75

Capítulo Sexto
Parágrafo Primeiro 77
Parágrafo Segundo 78
Parágrafo Terceiro 81
Comentários ao Sexto Capítulo 83
A Título de Intertextualidade
Bertrand Russell 88

Capítulo Sétimo

Parágrafo Primeiro 91
Parágrafo Segundo 92
Parágrafo Terceiro 93
Parágrafo Quarto 95
Comentários ao Sétimo Capítulo 96
A Título de Intertextualidade
Abraham Lincoln 99

Capítulo Oitavo

Parágrafo Primeiro 101
Parágrafo Segundo 102
Parágrafo Terceiro 103
Comentários ao Oitavo Capítulo 105
A Título de Intertextualidade
Adolf Hitler – A voz que brada 107
Winston Churchill – A voz que arrazoa 109

Capítulo Nono

Parágrafo Primeiro 111
Parágrafo Segundo 112
Parágrafo Terceiro 113
Parágrafo Quarto 114
Parágrafo Quinto 115
Parágrafo Sexto 117
Comentários ao Nono Capítulo 119
A Título de Intertextualidade
André Comte-Sponville 123

Capítulo Décimo

Parágrafo Primeiro 126
Parágrafo Segundo 127
Parágrafo Terceiro 128

Comentários ao Décimo Capítulo 130
A Título de Intertextualidade
Olavo Bilac 133

Sumário 135

Bibliografia 138

Introdução

O século XVII é diferente do anterior. Novos fatos mudam a concepção do homem perante a vida: a fundação da Companhia de Jesus em 1540; as decisões do Concílio de Trento, de 1545 a 1563; a Contra-Reforma, de cujo ideal Portugal foi um dos mais árduos defensores. A Contra-Reforma tenta conciliar o homem renascentista com a tradição religiosa medieval. A Literatura, como as artes em geral, vê-se compromissada com os ideais da ordem fundada por Santo Inácio de Loyola. Agora o homem já não canta assim: "Mais do que prometia a força humana"; "Aqueles que por obras valorosas se vão da lei da morte libertando"; "A quem Netuno e Marte obedeceram". O século XVII vê o homem escrever assim: "Pequei, Senhor, mas não porque hei pecado"; "A vós correndo vou, braços sagrados – para ficar unido, atado e firme". Volta-se, então, o homem para o céu, sem perder as conquistas da terra. Neste conflito viveu o homem barroco. Com referência à forma, há um culto excessivo. Os escritores requintam as frases, trabalhando-as com exagero de adornos. Para o Barroco, ser simples é indício de pobreza. Daí, então, a fraseologia excêntrica. Denomina-se Cultismo a maneira de escrever com metáforas, hipérboles, antíteses, perífrases, inversões na ordem das palavras, trocadilhos. Denomina-se Conceptismo o uso de expressões sutis, de alusões indecisas, de conceitos com base no silogismo, processo racional de se demonstrar uma asserção. Lança-se a premissa maior, seguida da demonstração de que é verdadeira; segue-se a premissa menor, também com a mesma preocupação em se provar sua veracidade; no final, a conclusão, ainda que extravagante ou paradoxal. Com o Barroco, esta ânsia de efeito formal atingiu o auge. Pouco lhe importava a linguagem sóbria, desafetada, cristalina. O valor literário era proporcional ao número de frases ambíguas ou de figuras de pensamento. Fazia-se um excelente trocadilho e tinha-se garantida a glória lírica. Com Marini, na Itália, o Barroco recebeu o nome de Marinismo; na França, Preciosismo; na Inglaterra, Eufuísmo; em Portugal, Gongorismo de Luís de Góngora. No Brasil, fora da literatura, é forçoso citar Aleijadinho e as composições sacras de Lobo de Mesquita e Marcos Coelho Neto.

Fora do Brasil e da literatura, destacam-se Tintoreto, El Greco, Velásquez, Kibera, Rembrandt e Poussin na pintura, e Bach na música.

Assim, o Barroco pode ser resumido nas seguintes características:

1. Preocupação com a transitoriedade da vida.
2. Linguagem excessivamente ornada: metáforas, hipérboles, alegorias etc.
3. Preocupação constante com a morte, tal qual na Idade Média.
4. Preocupação em fazer o homem trilhar os esquecidos caminhos do espiritualismo.
5. Religiosidade
6. Gosto pelo grandioso, sangrento, espetáculo trágico.
7. Cultismo e Conceptismo.
8. Paradoxo; polos contrários; antíteses.
9. Conflito entre o profano e o divino.
10. Conflito entre o profano e o divino.

Publicamos agora um trecho do *Sermão do Mandato do Padre Antônio Vieira*, para o leitor ter uma visão precisa do estilo barroco em prosa. Leia atentamente e observe os nove itens acima – todos eles tomando conta da obra.

A segunda ignorância que tira o merecimento ao amor, é não conhecer quem ama a quem ama. Quantas coisas há no mundo muito amadas, que, se as conhecera quem as ama, haviam de ser muito aborrecidas! Graças logo ao engano e não ao amor. Serviu Jacó os primeiros sete anos a Labão, e ao cabo deles, em vez de lhe darem a Raquel, deram-lhe a Lia. Ah, enganado pastor e mais enganado amante! Se perguntarmos à imaginação de Jacó por quem servia, responderá que por Raquel. Mas se fizermos a mesma pergunta a Labão, que sabe o que é, e o que há de ser, dirá com toda a certeza que serve por Lia. E assim foi. Servis por quem servis, não servis por quem cuidais. Cuidai que os vossos trabalhos e os vossos desvelos são por Raquel, a amada, e trabalhais e desvelai-vos por Lia, a aborrecida. Se Jacó soubera que servia por Lia, não servia sete anos nem sete dias. Serviu logo ao engano, e não ao amor, porque serviu para quem não amava. Oh quantas vezes se representa esta história no teatro do coração humano, e não com diversas figuras, se não na mesma! A mesma que na imaginação é Raquel, na realidade é Lia; e não é Labão o que engana Jacó, senão Jacó o que se engana a si mesmo. Não assim o divino amante, Cristo. Não serviu por Lia debaixo da imaginação de Raquel, mas amava a Lia conhecida por Lia. Nem a ignorância lhe roubou o merecimento ao amor, nem o engano lhe trocou o objeto ao trabalho. Amou e padeceu por todos, e por cada um, não como era bem que eles fossem, senão assim como eram. Pelo inimigo, sabendo que era inimigo; pelo ingrato, sabendo que era ingrato; e pelo traidor, "sabendo que era traidor"...

Deste discurso se segue uma conclusão tão certa como ignorada; é que os homens não amam aquilo que cuidam que amam. Por quê? Ou porque o que amam não é o que cuidam; ou porque amam o que verdadeiramente não há. Quem estima vidros, cuidando que são diamantes, diamantes estima e não vidros; quem ama defeitos, cuidando que são perfeições, perfeições ama e não defeitos. Cuidais que amais diamantes de firmeza, e amais vidros de fragilidade; cuidais que amais perfeições angélicas, e amais imperfeições humanas. Logo, os homens não amam o que cuidam que amam. Donde também se segue que amam o que verdadeiramente não há; porque amam as coisas, não como são, senão como as imaginam; e o que se imagina, e não é, não o há no Mundo. Não assim o amor de Cristo, sábio sem engano...

Observe você o seguinte:

1. Que, de fato, o autor se preocupa com a transitoriedade da vida, valorizando o amor de Cristo – eterno e fiel. O amor dos homens – tal qual o de Jacó – é enganoso. Só o amor de Cristo é verdadeiro.
2. A frase é excessivamente ornada, cheia de metáforas – antíteses, comparações, alegorias: vidros-diamantes; defeitos-perfeições; firmeza-fragilidade.
3. Conceptismo: preocupação constante em conceituar, definir: "Quantas coisas há no mundo muito amadas, que, se as conhecera quem as ama, haviam de ser muito aborrecidas"; "Servis por quem servis, não servis por quem cuidais". "É que os homens não amam aquilo que cuidam que amam".

4. É notória a preocupação do autor em querer convencer os homens a trilhar o caminho da religiosidade: "Não assim o amor de Cristo, sábio sem engano".
5. Religiosidade. A argumentação com base em textos extraídos da Bíblia para concluir que só, e tão somente Cristo, ama sem engano. Nem a ignorância lhe roubou o merecimento ao amor.
6. Gosto pelo grandioso. Cristo padeceu por todos. Pelo inimigo sabendo que era inimigo e pelo traidor sabendo que era traidor.
7. Cultismo e Conceptismo – Cultismo: metáforas – tais quais na comparação de amar vidros e amar diamantes; Antíteses: o amor de Raquel e o Amor de Lia; Perífrases: enganado pastor e enganado amante.
8. Conceptismo – Premissa: A ignorância tira o conhecimento ao amor. Argumentos: o amor de Jacó por Raquel, o amante de diamantes e perfeições. Conclusão: - o amor de Cristo é sem engano porque não é viciado pela ignorância.
9. Paradoxos – Polos contrários. Antíteses: Raquel/Lia; vidros/diamantes; perfeições angélicas/imperfeições humanas; amor humano/amor de Cristo.
10. Conflito entre o profano e o divino. Conflito entre o amor dos homens, viciado pela ignorância e o amor de Cristo, sem engano, embora conhecesse que o amado era traidor e inimigo.

Compare

Renascimento Século XVI	Barroco Século XVII
• O homem é guiado pela ciência	• O homem é conduzido pela fé
• Antropocentrismo	• Teocentrismo
• Equilíbrio e moderação	• Exuberância e extravagância
• Volta à cultura greco-latina	• Volta à cultura medieval
• Racionalismo	• Paradoxo e contrassenso
• Exaltação vital	• Depressão vital
• Texto propositadamente claro	• Texto propositadamente hermético
• Universalismo	• Marinismo, Gongorismo, Cultismo, Conceptismo, Preciosismo, Eufuísmo
• O homem conduz o destino das nações	• O destino das nações é conduzido por Deus
• O corpo, a terra e o mar	• A alma, o céu e a salvação eterna

Barroco Século XVII	Arcadismo Século XVIII
• Formas rebuscadas	• Retorno ao equilíbrio
• Volta à Idade Média	• Volta ao Renascimento
• Parte em busca de originalidade	• Demasiada sujeição às leis clássicas
• Autêntico, ainda que paradoxal	• Inautêntico, ainda que racional
• O homem nasce com o pecado original (A igreja)	• O homem nasce bom; a sociedade é que o corrompe (Rousseau)
• Todo conhecimento vem de Deus	• Todo conhecimento vem da experiência e da reflexão
• O Direito Natural tem em Deus a sua fonte	• O Direito Natural é inerente à natureza humana
• A vinda dos jesuítas ao Brasil	• O Marquês de Pombal expulsa os jesuítas do Brasil
• Sentido nacionalista nas artes	• Afrancesamento da vida, arte e cultura
• A arte está associada ao pensamento do autor	• A arte está divorciada do pensamento do autor
• Celeste, espiritual, místico	• Campestre, pastoril, bucólico

Padre Antônio Vieira

Nasceu em Lisboa em 1608 e faleceu no Brasil em 1697. Viveu praticamente o século XVII inteiro e foi a figura mais expressiva de sua época. Como orador sagrado atingiu universal conceito. Aos brasileiros impõe-se como defensor dos índios e eloquente adversário da invasão holandesa. Viveu grande parte de sua vida no Brasil. Aqui mesmo, no Maranhão, foi preso pelos que defendiam a escravidão do índio e, em Lisboa, preso dois anos pela Santa Inquisição, castigo por suas ideias liberais e sebastianistas. "Não há maior comédia do que a minha vida; e quando quero ou chorar, ou rir, ou admirar-me, ou dar graças a Deus, ou zombar do mundo, não tenho mais que olhar para mim" (Carta de Vieira a um amigo). Com efeito, sua obra foi sua vida: a mesma grandeza, o mesmo excepcional talento. É o mais fluente, expressivo e rico prosador do século XVII. *Sermões* é sua obra principal: contém cerca de duzentas peças oratórias, num estilo viril, enérgico e másculo. Sua oratória expõe, demonstra, raciocina e prova. É verdadeiro silogismo. Lança a premissa maior, e prova sua veracidade; trabalha com a menor, e chega insofismavelmente à conclusão que é sua tese. De seus duzentos sermões e mais de quinhentas cartas, destacam-se: *Sermão de Santo Antônio aos Peixes, Sermão pelo Bom Sucesso das Armas de Portugal contra as de Holanda, Sermão de São Roque, Sermão da Sexagésima, Sermão das Verdadeiras e Falsas Riquezas*. Padre Antônio Vieira vive o ambiente político e cultural da Contra-Reforma. O Concílio de Trento, no século anterior ao século que viveu Vieira (1545 – 1563), estabelece seu projeto religioso em recuperar os países que, agora sob a influência do protestantismo, abandonaram a fé católica. O endurecimento da Santa Inquisição, de que Vieira foi vítima, é o resultado mais imediato daquele Concílio. Os países europeus vivem o regime de monarquia absoluta. É o século de ouro da Literatura espanhola: Luís de Góngora, Cervantes, Calderón de La Barca, Tirso de Molina, Lope de Vega.

Alguns fatos e datas mais importantes na vida de Vieira

1608 – Nasce em Lisboa.
1614 – Vem, aos seis anos, com a família, para a Bahia.
1633 – Prega, pela primeira vez, na Igreja de Nossa Senhora da Conceição – Bahia. Era tempo de Quaresma.
1634 – Recebe a ordem sacerdotal.
1640 – Prega na Bahia, o Sermão pelo Sucesso das Armas de Portugal contra as de Holanda. O tema do Sermão tem o propósito de estimular os portugueses a resistir contra a invasão de Guilherme de Nassau.
1641 – Vai a Portugal, conhece pessoalmente o Rei D. João IV. Início de uma longa amizade. Goza da confiança do monarca.
1643 – Defesa dos Judeus. Defende junto ao rei a abertura do país aos Judeus mercadores. O ingresso deles no país daria impulso à economia lusitana.
1646 – Missão diplomática em Paris e Haia.
1647 – Nova missão diplomática em Paris e Haia.
1649 – É denunciado por defender os Judeus.
1652 – Volta para o Brasil em missão Jesuíta em Maranhão, Amazonas e Ceará.
1654 – Prega, em 13 de junho, em São Luís, Sermão de Santo Antônio aos Peixes. Parte para Portugal.
1655 – Prega, na Capela Real de Lisboa, o famoso Sermão da Sexagésima. Volta ao Brasil.
1661 – É preso no Pará. Vai sob prisão ao Maranhão. Expulso do Maranhão. Chega a Lisboa.
1662 – Nomeado confessor do Príncipe D. Pedro.
1664 – Processado pela Santa Inquisição: Heresia Judaica.
1665 – É preso pelo Tribunal da Santa Inquisição.
1667 – O Tribunal da Santa Inquisição pronuncia a sentença: Vieira é proibido de pregar, privado de voz ativa e passiva.
1668 – É anistiado, graças a subida ao poder do infante D. Pedro, de quem fora confessor.

1669 – Prega à Rainha Cristina da Suécia
1675 – O Papa Clemente X anula o processo que lhe moveu a Santa Inquisição.
1679 – Inicia a publicação de seus Sermões.
1681 – Volta, por definitivo, à Bahia.
1682 – Em Coimbra, um grupo de estudantes queima uma efígie de Vieira.
1692 – Vieira cai de uma escada. Os ferimentos impedem-no de escrever. Um secretário escreve por ele.
1697 – Termina a redação do último volume dos Sermões (12 volumes). Morre em 18 de julho, na Bahia. É sepultado na Capela do Santíssimo Sacramento da Igreja do Colégio dos Jesuítas.

A Obra de Vieira tem significado moral e humano. Lutador destemido a serviço da pátria e dos direitos naturais do homem. Sua humildade fê-lo abandonar a Corte e enfrentar o inferno inóspito do Rio Amazonas. Recusou o convite de D. João IV ser bispo. Recusou o convite da Rainha da Suécia ser confessor privativo. Recusou o convite do Geral Oliva ser pregador do Papa. Diante da Corte e na presença do Rei, entontecidos de vaidade, desdenhosos da plebe, ousa proclamar a igualdade da condição humana:

"Abri aquelas sepulturas e vede qual é ali o senhor e qual o servo; qual é ali o pobre e qual o rico. Distingue-me ali, se podeis, o valente do fraco, o formoso do feio, o Rei coroado de ouro do escravo de Argel, carregado de ferro. Distingui-los? Conhecei-los? Não, por certo! O grande e o pequeno, o rico e o pobre, o sábio e o ignorante, o senhor e o escravo, o príncipe e o cavador, o alemão e o etíope, todos ali são da mesma cor. Isto é, todos iguais no termo da vida. Só as ações nos valorizam ou exalçam, só as virtudes pesam na balança de Deus."

Escreve, em 20 de Abril de 1657, uma carta ao Rei D. Afonso VI em que pede proibir-se, na colônia, a escravidão do índio. Surpreende a sua valentia moral em dizê-lo diretamente ao Rei:

"Senhor, os Reis são vassalos de Deus, e se os Reis não castigam os seus vassalos, castiga Deus os seus."

Consultado pelo Rei D. João IV sobre a vontade de unir Pará e o Maranhão sob um só governo, respondeu-lhe Vieira, em carta datada, no Maranhão, em 6 de abril de 1654:

"No fim da carta de que Vossa Majestade me fez mercê, me manda Vossa Majestade diga meu parecer sobre a conveniência de haver neste Estado ou dois capitães-mores ou um só governador. Eu, Senhor, razões políticas nunca as soube, e hoje as sei muito menos: mas por obedecer direi toscamente o que me parece. Digo que menos mal será um ladrão que dois, e que mais dificultosos serão de achar dois homens de bem que um. Baltasar de Sousa Pereira não tem nada, a Inácio do Rego Barreto não lhe basta nada; e eu não sei qual é maior tentação, se a necessidade, se a cobiça. Se houvesse dois homens de consciência, e outro que lhe sucedessem, não haveria inconveniente em estar o governo dividido. Mas se não houver mais que um, venha um que governe tudo e trate do serviço de Deus e de Vossa Majestade; e se não houver nenhum, como até agora parece que não houve, não venha nenhum, que melhor se governará o estado sem ele que com ele [...]"

As Partes Formais do Sermão

Genericamente pode-se dizer que o Sermão é composto de três partes:

- Exórdio ou Introdução – o orador apresenta o tema sobre o qual vai dissertar. Apresenta a ideia fundamental que vai defender. Capitulo I e II (Do Sermão da Sexagésima).
- Argumentação ou Desenvolvimento – o orador vai demonstrar serem verdadeiras as ideias apresentadas no Exórdio. Para tanto invoca textos bíblicos, exemplos dos Santos da Igreja, alegorias, metáforas, comparações – tudo para provar ao ouvinte de que está com a verdade. Capítulos III – IV – V – VII e VIII (Do Sermão da Sexagésima).
- Peroração ou Conclusão – o orador conclui o Sermão, confiante que a tese apresentada está racionalmente provada e demonstrada. Capítulo IX e X (Do Sermão da Sexagésima).

A título de exemplo, tomemos um trecho do "Sermão da Primeira Dominga do Advento" de Vieira. Façamos dele um pequeno Sermão e analisemos suas partes.

Tudo Passa menos a responsabilidade

Tudo passa, e nada passa. Tudo passa para a vida, e nada para a conta(...) Não há pedra, nem telha, nem planta, nem raiz, nem palmo de terra na Terra, que não esteja sempre passando, porque tudo passa. Deste tudo que está sempre passando, é o homem não só a parte principal, mas verdadeiramente o tudo do mesmo tudo. E vendo o homem com os olhos abertos e, ainda os cegos, como tudo passa, só nós vivemos como se não passássemos. (...)
Todos imos embarcados na mesma nau, que é a vida, e todos navegamos com o mesmo vento, que é o tempo; e assim como na nau uns governam o leme, outros mareiam as velas; uns vigiam, outros dormem; uns passeiam, outros estão assentados; uns cantam, outros jogam, outros comem, outros

nenhuma coisa fazem, e todos igualmente caminham ao mesmo porto; assim nós, ainda que o não pareça, insensivelmente vamos passando sempre, e avizinhando-se cada um ao seu fim; porque tu, conclui Ambrósio, dormes, e o teu tempo anda: *Tu dormis, et tempus tuum ambulat.*

Disse pouco em dizer que o tempo anda, porque corre e voa; mas advertiu bem em notar que nós dormimos; porque tendo os olhos abertos para ver que tudo passa, só para considerar que nós também passamos, parece que os temos fechados.(...)

Depois da vida segue-se a conta; e sendo a conta que se há de dar, de tudo o que se passou na vida; tristíssima e terribilíssima consideração é que, passando tudo para a vida, nada passe para a conta. O que faz, e há de fazer dificultosa a conta são os pecados da vida, e de toda a vida. E que confusão será naquele dia tão cheio de horror e assombro, olhar para a vida, e para os pecados de toda ela, e ver que a vida passou e os pecados não passaram!

Exórdio ou Introdução

"Tudo passa, e nada passa. Tudo passa para a vida, e nada para a conta".

Argumentação ou Desenvolvimento

"Não há pedra, nem telha, nem planta, nem raiz, nem palmo de terra na Terra, que não esteja sempre passando, porque tudo passa. Deste tudo que está sempre passando, é o homem não só a parte principal, mas verdadeiramente o tudo do mesmo tudo. E vendo o homem com os olhos abertos e, ainda os cegos, como tudo passa, só nós vivemos como se não passássemos. (...)

Todos imos embarcados na mesma nau, que é a vida, e todos navegamos com o mesmo vento, que é o tempo; e assim como na nau uns governam o leme, outros mareiam as velas; uns vigiam, outros dormem; uns passeiam, outros estão sentados; uns cantam, outros jogam, outros comem, outros nenhuma coisa fazem, e todos igualmente caminham ao mesmo porto; assim nós, ainda que o não pareça, insensivelmente vamos passando sempre, e avizinhando-se cada um ao seu fim; porque tu, conclui Ambrósio, dormes, e o teu tempo anda: *Tu dormis, et tempus tuum ambulat.*

Disse pouco em dizer que o tempo anda, porque corre e voa; mas advertiu bem em notar que nós dormimos; porque tendo os olhos abertos para ver que tudo passa, só para considerar que nós também passamos, parece que os temos fechados.(...)".

Peroração ou Conclusão

"Depois da vida segue-se a conta; e sendo a conta que se há de dar, de tudo o que se passou na vida; tristíssima e terribilíssima consideração é que, passando tudo para a vida, nada passe para a conta. O que faz, e há de fazer dificultosa a conta são os pecados da vida, e de toda a vida. E que confusão será naquele dia tão cheio de horror e assombro, olhar para a vida, e para os pecados de toda ela, e ver que a vida passou e os pecados não passaram!"

O Sermão da Sexagésima

O "Sermão da Sexagésima" como quase toda obra de Vieira (cerca de 200 sermões e 500 cartas) pode ser nomeado como um texto de caráter religioso, literário, político, social, cultural e metalinguístico (a oratória da oratória). Mais. O texto é exemplo de beleza retórica, dialética e gramatical. Os sermões de Vieira convencem e persuadem. Convencem porque alteram o entendimento que o ouvinte tem de um fenômeno, fato, ato ou mesmo de si. Persuadem porque, convencido, o ouvinte parte para a ação.

No Sermão da Sexagésima, Vieira vem para diminuir o valor do sermão culto, cultismo, estilo predileto dos dominicanos, em especial o Sermão de Frei Domingos de Santo Tomás, o principal pregador dominicano da época. Não nos esqueçamos que a data do Sermão proferido é o domingo da sexagésima de 1655, quando o pregador volta do Maranhão onde lutou contra a ganância dos colonos que queriam escravizados os índios. Vem do Maranhão a Portugal para conseguir obter do Rei a autonomia das missões. Vieira tinha sido perseguido no Maranhão. Os colonos armaram-se contra ele e contra ele instiga toda população. Quer Vieira agora em Lisboa uma ordem régia que liberte os índios eventualmente cativos. Profere então seu Sermão em que se lê o domínio absoluto da língua. Imperador da Língua Portuguesa, na opinião de Fernando Pessoa. O Sermão vocifera contra o cultismo, contra os dominicanos, contra os dominicanos provisores do Santo Ofício. O Sermão é proferido no mês de março (sexagésima). Um mês depois, em abril, foi promulgada a Lei da Liberdade dos Índios.

O "Sermão da Sexagésima" é o Sermão do Sermão, metalinguagem. Sermão que ensina fazer Sermão. Sermão que ensina a arte de, didaticamente, argumentar. Argumentar é defender uma ideia ou opinião. Para tanto, usa-se a dialética aristotélica, provando e demonstrando o que se quer defender, por meio de deduções, induções, inferências, associações de ideias, exemplos históricos e, no caso de Vieira, exemplos pautados no texto bíblico. A argumentação é recurso de que se servem os pregadores, os políticos, os legisladores, os professores, os advogados, os magistrados, os promotores públicos e todo profissional que faz da língua seu instrumento de trabalho. O

"Sermão da Sexagésima" segue, formalmente, a estrutura de todo sermão de Vieira ou mesmo de toda oração da época barroca. Exórdio ou Introdução – apresenta as ideias a serem defendidas. Deve ser breve. No Exórdio, o orador declara o que vai dizer; melhor, o que vai provar. Procura, nesta primeira fase, despertar a curiosidade do ouvinte. Confirmação ou Desenvolvimento – apresenta a exposição do tema, das ideias e sua demonstração e comprovação. Predomina agora o raciocínio. É preciso convencer. Daí o silogismo, as associações, as inferências, os exemplos, as analogias, as deduções, as induções, tudo para provar que a verdade está com o orador. Nem uma réstia de dúvida pode sobreviver à argumentação do pregador. Os ouvintes passam, após a segunda fase da pregação, a comungar com as mesmas convicções do orador. Não há mais possibilidade de dúvidas ou discórdias. As ideias dos ouvintes e as ideias do orador é uma só ideia. Nesta fase, o orador declara o tema, define-o para que se conheça, divide-o para ser didático, prova-o com a argumentação aristotélica, declara-o com a razão, porque só a razão convence, confirma-o com exemplo e a história está repleta de exemplos que confirmam sua tese, amplia o tema, discorrendo sobre causas e efeitos, impugna e refuta todas as eventuais argumentações contrárias, e depois, colhe o que plantou, aperta ainda mais para o ouvinte não ter outra saída, conclui, persuade e acaba. Se, na primeira fase, o orador disse o que ia dizer, na segunda fase ele diz aquilo que prometeu dizer. A Peroração ou Conclusão – apresenta translúcido o que quis demonstrar. O orador surge vitorioso. Reforça, na conclusão, seu ponto de vista, resume o que foi dito; também se convence do que o ouvinte está convencido. E, se assim é, retira da conclusão, as considerações de que necessitam o ser humano e sua historia.

Em outras palavras, este é o esquema de um Sermão.

Digo o que vou dizer
Então digo
Por fim, digo o que disse

O "Sermão da Sexagésima" foi pregado no mês de março de 1655, assim que Vieira regressou da missão do Maranhão. Regressar é eufemismo. Vieira fora praticamente expulso do Maranhão. Um defensor da liberdade dos índios não se coaduna com a usura dos colonos maranhenses. Viam, nos índios, sua principal fonte de renda. Em Abril de 1655, Vieira retorna ao Maranhão com o diploma real que proibia escravizar o índio convertido ao Cristianismo.

O Sermão apresenta dois conteúdos distintos. No primeiro, responde às críticas que lhe fazem, por ter abandonado as missões no Maranhão. O orador informa a seus ouvintes que não abandonou as missões. Voltará em breve às suas atividades de catequese. O que Vieira quer é levar ao Maranhão o que veio buscar na Corte: uma provisão do rei que proíba a escravidão dos ameríndios. O segundo conteúdo, é uma maravilhosa sátira à oratória de seu tempo, em especial, à oratória dos padres dominicanos - de estrutura cultista. Contra o cultismo, Vieira prega um estilo fácil e natural. Assim, leremos no "Sermão da Sexagésima" o Exórdio ou Introdução seu tema: causa por que faz tão pouco fruto a palavra de Deus no mundo. A Confirmação ou Desenvolvimento vai procurando a causa e eliminando as possíveis razões por que faz tão pouco fruto a palavra de Deus no mundo. Analisa os três personagens fundamentais de um Sermão: o pregador, o ouvinte e Deus.

Em relação ao Pregador, analisa cinco aspectos:

A pessoa que é
A ciência que tem
A matéria que trata
O estilo que segue
A voz que fala

A Peroração ou Conclusão faz a curiosidade satisfeita. O orador anuncia aos ouvintes a razão por que faz tão pouco fruto a palavra de Deus no mundo.

Quando Vieira vem do Maranhão, encontra seu amigo, o Rei D. João IV, em agonia. Vieira não se conforma com a morte iminente do monarca. Argumenta que se morre, ressuscitará. Argumentava com apoio nas ideias do profeta Bandarra. D. João IV tinha ainda uma missão a cumprir: libertar Jerusalém do poderio turco e estabelecer o império universal – O V Império. Neste período em que convive na Corte, Vieira surge como o mais combativo jesuíta. Começa fustigando seus adversários dominicanos. Tradicionalmente, jesuítas e dominicanos eram antagônicos. O patriarca dos Dominicanos havia instaurado em Portugal o Santo Ofício. Por Decreto Real, os dominicanos ocupavam um lugar perpétuo no Conselho Geral do Santo Ofício. Vieira fora vítima do Santo Ofício. Foi julgado, condenado e preso pela instituição. Entende-se, pois, o antagonismo entre Vieira e os dominicanos. Entende-se, também, por que o Sermão da Sexagésima é um ataque ao estilo cultista dos dominicanos. Vieira é acusado pelos dominicanos de ter abandonado as missões no Maranhão. Teria, pois, fracassado. No "Sermão da Sexagésima", inicia o discurso, justificando sua estada na Corte. Ironicamente, afirma que os dominicanos são de mais paço (palácio) e os jesuítas de mais passo (missionário). "Ir, e voltar como raio, não é tornar, é ir diante". Ou seja, ir a Lisboa e voltar ao Maranhão como um raio é o mesmo que nunca ter saído do Maranhão. Contudo, o Sermão inteiro é crítica veemente ao estilo dos pregadores dominicanos. "É possível que somos portugueses, e havemos de ouvir um pregador em português, e não havemos de entender o que diz?". Os dominicanos saíram ao ataque. Frei Domingos de Santo Tomás, sacerdote dominicano, não economiza ataques a Vieira. A cada domingo, ouviam-se nas missas a réplica dominicana ao Sermão da Sexagésima. No púlpito, Frei Domingos havia dito que Santo Tomás era o morgado (herdeiro) das letras e ciências. Vieira comenta: "Por isso ficaram seus irmãos, os dominicanos, tão pobres delas". Vamos então ler o "Sermão da Sexagésima" um dos mais brilhantes tratados de Comunicação em Língua Portuguesa.

Sermão da Sexagésima[1]

Pregado na Capela Real[2].
Este sermão pregou o Autor no ano de 1655, vindo da Missão do Maranhão[3], onde achou as dificuldades que nele se apontam: as quais vencidas, com novas ordens Reais, voltou logo pra a mesma Missão.

Semen est verbum Dei[4].
S. Lucas, VIII.

Capítulo Primeiro

Seis Parágrafos

I

E se quisesse Deus que este tão ilustre e tão numeroso auditório saísse hoje tão desenganado da pregação, como vem enganado com o pregador! ⁵Ouçamos o Evangelho, e ouçamo-lo todo, que todo é do caso que me levou e trouxe de tão longe⁶.

1. **Sexagésima.** Penúltimo domingo que antecede o primeiro dia da quaresma. Quaresma é o período de quarenta dias que vão da Quarta-Feira de Cinzas até Domingo de Páscoa.
2. **Capela Real.** Templo edificado por D. Manuel I, no Paço da Ribeira-Lisboa. O terremoto de 1755 destruiu o Templo.
3. **Vindo da Missão do Maranhão.** A defesa dos índios fez Vieira ir à Corte. Os colonos do Maranhão propunham a escravidão indígena. Como diz, cumprindo sua tarefa (defesa da liberdade dos índios) volta às missões.
4. **Semen est verbum Dei.** A semente é a palavra de Deus. Lucas VIII. "Eis que o semeador saiu a semear. E, ao semear, uma parte caiu à beira do caminho; foi pisada, e as aves do céu a comeram. Outra caiu sobre a pedra; e, tendo crescido, secou por falta de umidade. Outra caiu no meio dos espinhos; e estes, ao crescerem com ela, a sufocaram." O orador compara ambos os semeadores: o bíblico e o evangélico. Ambos com muita dificuldade de sucesso.
5. **Desenganado da pregação, como vem enganado com o pregador.** Quiasmo. Cruzamento de construções tão a gosto do Barroco. A conjunção "e" inicia o sermão. Liga o quê com quê? Liga o que vai dizer, aos acontecimentos que antecedem o sermão.
6. **...que me levou, e trouxe de tão longe.** O evangelho levou o orador ao Maranhão e o mesmo Evangelho traz o orador à Corte de Lisboa. No Maranhão, a catequese. Na Corte, a luta em favor da liberdade dos índios.

II

Ecce exiit qui seminat, seminare[1]. Diz Cristo[2] que saiu o Pregador Evangélico a semear a palavra divina. Bem parece este texto dos livros de Deus. Não só faz menção do semear, mas faz também caso do sair: Exiit, porque no dia da **messe**[3] hão-nos de medir a semeadura e hão-nos de contar os passos. O Mundo, aos que lavrais com ele, nem vos satisfaz o que dispendeis[4], nem vos paga o que andais. Deus não é assim. Para quem lavra com Deus até o sair é semear, porque também das passadas colhe fruto. Entre os semeadores do Evangelho há uns que saem a semear, há outros que semeiam sem sair. Os que saem a semear são os que vão pregar à Índia, à China, ao Japão; os que semeiam sem sair, são os que se contentam com pregar na Pátria. Todos terão sua razão, mas tudo tem sua conta. Aos que têm a seara em casa, pagar-lhes-ão a semeadura; aos que vão buscar a seara tão longe, hão-lhes de medir a semeadura e hão-lhes de contar os passos. Ah Dia do Juízo! Ah pregadores! Os de cá, achar-vos-eis com mais Paço; os de lá, com mais passos[5]: Exiit seminare.

1. **Ecce exiit, qui seminat, seminare.** Eis que o semeador saiu a semear. Mateus 13/3. "E, ao semear, uma parte caiu à beira do caminho, e vindo as aves, a comeram. Outra parte caiu em solo rochoso, onde a terra era pouca, e logo nasceu, visto não ser profunda a terra. Saindo, porém, o Sol, a queimou; e, porque não tinha raiz, secou-se. Outra caiu entre os espinhos, e os espinhos cresceram e a sufocaram. Outra, enfim, caiu em boa terra e deu fruto: a cem, a sessenta e a trinta por um." Exiit, sair. O semeador saiu a semear e o orador sai em missão para Índia, China, Japão e, no caso dele, para o Brasil.
2. **Diz Cristo...** Elegante construção quando se pospõe o sujeito ao verbo no início do período. É a marca do estilo de Vieira. "E se quisesse Deus..." Rui Barbosa certamente teve Vieira como mestre. "Não quis Deus que os meus cinquenta anos de consagração do Direito..." (Oração aos moços).
3. **Messe.** Seara em estado de se ceifar. Ceifa. Ceifa, empregada como metáfora de juízo final no dia da messe, hão – nos dimidir a semeadura – ou seja, no juízo final hão – nos de cobrar o que foi pregador.

4. **Dispendeis.** – o mesmo que despendeis.
5. **Os de cá, achar-vos-ei com mais Paço; os de lá com mais passos.**
Os de cá, os da Corte, aqueles que estão inclusive ouvindo a pregação. Os de lá, os jesuítas como ele que, no Brasil, percorrem a inóspita Amazônia. Os de cá, mais Paço; Palácio, Corte, ostentação. Os de lá, passos; sair, andar, percorrer a Selva em nome da catequese. A homofonia paço|passo é do agrado do Barroco. Uns saem a semear (passos); outros semeiam sem sair (paços). O orador, nesta passagem, exalta os que saem a pregar. Defende a catequese dos jesuítas. Dois modelos de pregadores. Antítese.

III

Mas daqui mesmo vejo que notais (e me notais[1]) que diz Cristo que o semeador do Evangelho saiu, porém não diz que tornou porque os pregadores Evangélicos, os homens que professam pregar e, propagar a Fé, é bem que saiam, mas não é bem que tornem. Aqueles animais de Ezequiel[2] que tiravam pelo carro triunfal da glória de Deus e significavam os Pregadores do Evangelho[3] que propriedades tinham? Nec revertebantur, cum ambularent[4]: Uma vez que iam, não tornavam. As rédeas por que se governavam era o ímpeto do espírito, como diz o mesmo texto: mas esse espírito tinha impulsos para os levar, não tinha regresso para os trazer; porque sair para tornar melhor é não sair. Assim arguis com muita razão, e eu também assim o digo. Mas pergunto: E se esse semeador evangélico, quando saiu, achasse o campo tomado; se se armassem contra ele os espinhos[5]; se se levantassem contra ele as pedras, e se lhe fechassem os caminhos que havia de fazer? Todos estes contrários que digo e todas estas contradições experimentou o semeador do nosso Evangelho. Começou ele a semear (diz Cristo), mas com pouca ventura. Uma parte do trigo caiu entre espinhos, e afogaram-no os espinhos: Aliud cecidit inter spinas et simul exortae spinae suffocaverunt illud[6]. Outra parte caiu sobre pedras, e secou-se nas pedras por falta de humidade: Aliud cecidit super petram, et natum aruit, quia non habebat humorem. Outra parte caiu no caminho, e pisaram-no os homens e comeram-no as aves: Aliud cecidit secus viam, et conculcatum est, et volucres coeli comederunt illud. Ora vede como todas as criaturas do Mundo se armaram contra esta sementeira. Todas as criaturas quantas há no Mundo, se reduzem a quatro gêneros: criaturas racionais, como os homens; criaturas sensitivas, como os animais; criaturas vegetativas, como as plantas; criaturas insensíveis, como as pedras; e não há mais. Faltou alguma destas que se não armasse contra o semeador? Nenhuma. A natureza insensível o perseguiu nas pedras, a vegetativa nos espinhos, a sensitiva nas aves, a racional nos homens. E notai a desgraça do trigo, que onde só podia esperar razão, ali achou maior agravo. As pedras secaram-no, os espinhos afogaram-no, as aves comeram-no; e os homens? Pisaram-no: Conculcatum est. Ab hominibus (diz a Glossa)[7]. Quando Cristo mandou pregar os Apóstolos pelo Mundo, disse-lhes desta maneira: Euntes in mundum universum, praedicate omni creaturae[8]: Ide, e pregai a toda a criatura. Como assim, Senhor?! Os animais não são criaturas?! As árvores não são criaturas?! As pedras não são criaturas?! Pois hão os Apóstolos de pregar às pedras?! Hão-de pregar aos troncos?! Hão-de pregar aos animais?! Sim, diz S. Gregório, depois de Santo Agostinho. Porque como os Apóstolos iam pregar a todas as nações do Mundo, muitas delas bárbaras e incultas, haviam de achar os homens degenerados em todas as espécies de criaturas: haviam de achar homens homens, haviam de achar homens brutos, haviam de achar homens troncos, haviam de achar homens pedras[9]. E quando os pregadores evangélicos vão pregar a toda a criatura, que se armem contra eles todas as criaturas?! Grande desgraça!

1. **Mas aqui vejo que notais (e me notais).** polissemia do verbo notar: observar e advertir. Observais que Cristo disse e advertis a mim. O verbo que segue – "tirar" – tem o sentido de "puxar".
2. **Ezequiel.** Livro de Ezequiel, Antigo testamento, Capítulo I, Versiculos de 6 a 12. A visão dos quatro querubins. "Cada qual andava para a sua frente; para onde o espírito havia de ir, iam; não se viravam quando iam" São Gregório Magno, doutor da Igreja, desenvolve, em suas homilias, quando interpreta o livro do profeta Ezequiel, o mesmo tema.
3. **Pregadores do evangelho.** visão de Exequiel: homem (Mateus), leão (Marcos), touro (Lucas), águia (João).

4. **Nec revertebantur, cum ambularent.** Não se viram quando andavam.
5. **... se se armassem contra ele os espinhos; se se levantassem contra ele as pedras, e se lhe fechassem os caminhos...** No Evangelho de Lucas, a gradação é decrescente: caminhos-pedras-espinhos. Vieira prefere a gradação crescente: espinhos-pedras-caminhos.
6. **Aliud cecidit inter spinas, et simul exortae spinae suffocaverunt illud.** Seguem três períodos em latim. O próprio autor os traduz antes de citá-los.
7. **(Diz a Glossa)** – As glossas são anotações que se fazem no texto bíblico, a título de comentários. Na Idade Média tiveram importante papel na interpretação de textos religiosos.
8. **Euntes in mundum universum, praedicate omni creaturae.** Marcus 16/15. Ide por todo mundo e pregai (o evangelho) a toda criatura.
9. **...haviam de achar homens homens, haviam de achar homens brutos, haviam de achar homens troncos, haviam de achar homens pedras.** Observe o paralelismo:
   Criaturas racionais – homens – homens homens
   Criaturas sensitivas –animais – homens brutos
   Criaturas vegetativas – plantas – homens troncos
   Criaturas insensíveis – pedras – homens pedras

No hilemorfismo aristotélico, os seres psíquicos distinguem – se em vegetativos, sensitivos e racionais.

IV

Mas ainda a do semeador do nosso Evangelho não foi a maior. A maior é a que se tem experimentado na seara aonde eu fui, e para onde venho[1]. Tudo o que aqui padeceu o trigo, padeceram lá os semeadores. Se bem advertirdes, houve aqui trigo mirado, trigo afogado, trigo comido e trigo pisado[2]. Trigo mirrado: Natum aruit, quia non habebat humorem[3]; trigo afogado: Exortae spinae suffocaverunt illud; trigo comido: Volucres caeli comederunt illud; trigo pisado: Conculcutum est. Tudo isto padeceram os semeadores evangélicos da Missão do Maranhão de doze anos a esta parte. Houve missionários afogados, porque uns se afogaram na boca do grande rio das Amazonas[4]; houve Missionários comidos, porque a outros comeram os bárbaros na Ilha dos Aroãs; houve Missionários mirrados, porque tais tornaram os da jornada dos Tocantins[5], mirrados da fome e da doença, onde tal houve, que andando vinte e dois dias perdido nas brenhas matou somente a sede com o orvalho que lambia das folhas. Vede se lhe quadra bem o Notum aruit, quia non habebant humorem! E que sobre mirrados, sobre afogados, sobre comidos, ainda se vejam pisados e perseguidos dos homens[6]: Conculcatum est! Não me queixo nem o digo, Senhor, pelos semeadores; só pela seara o digo, só pela seara o sinto. Para os semeadores, isto são glórias: mirrados sim, mas por amor de vós mirrados; afogados sim, mas por amor de vós afogados; comidos sim, mas por amor de vós comidos; pisados e perseguidos sim, mas por amor de vós perseguidos e pisados[7].

1. **... onde eu fui e para onde venho.** Brasil. Maranhão. De onde veio e pretende voltar para desenvolver a catequese. Missão.
2. **... houve aqui trigo mirrado, trigo afogado, trigo comido, e trigo pisado.** O orador, num paralelismo eloquente, retoma o texto bíblico, (Lucas VIII).
   Trigo mirrado – secou por falta de umidade.
   Trigo afogado – e estes ao crescerem com ela, a sufocaram.
   Trigo comido – as aves do céu a comeram.
   Trigo Pisado – caiu à beira do caminho; foi pisada.
3. **Natum aruit, quia, non habebat humorem.** As expressões latinas dizem do texto bíblico – Lucas VIII. O próprio autor anuncia, antes de citá-las, seu significado.
4. **porque uns se afogaram na boca do grande Rio das Amazonas.** O autor se refere a alguns naufrágios ocorridos na boca do Rio Amazonas em que alguns jesuítas foram vítimas. Entre os náufragos, o orador lembra o ocorrido a 30 de junho de 1643 na Ilha dos Aroãs. Na carta enviada ao padre Providencial do Brasil, assinada em 22 de maio de 1653, Vieira relata o ataque dos índios aruá. Entre os jesuítas mortos, Luis Vigueira é comido pelos índios.

5. **porque tais tornaram os da Jornada dos Tocantins...** Nas vésperas do Natal de 1653, Padre Vieira comandou a primeira grande obra das missões: entrada dos jesuítas ao Rio Tocantins. Ceia de Natal: água, farinha e peixe seco. Comenta Vieira: "Mas Deus tempera de maneira estes regalos, que os não trocam os que gostam deles pelos maiores do mundo". (Serafim Leite, História da Companhia de Jesus no Brasil, citado no "Livro Sermões" do centro de Estudos de Filosofia).
6. **e perseguidos dos homens.** Agente da voz passiva regido pela preposição "de" – perseguidos pelos homens. Vieira é perseguido pelos homens do Maranhão. Defensor ardente dos índios, foi acusado de ser o idealizador da ordem régia que libertava os índios, eventualmente cativos. Em 1653, Dom João IV abolia o cativeiro dos índios. Os colonos do Maranhão culpam os jesuítas desta proibição – estavam corretos. Os jesuítas, principalmente Vieira, defende a abolição do cativeiro. Os colonos insurgem contra os jesuítas e os perseguem. Daí o desabafo... por amor de vos perseguidos e pisados.
7. **Mas por amor de vós perseguidos, e pisados.**
   Força retórica. A repetição, além de trazer sonoridade, pretende convencer. Observe a sonoridade poética de cada oração.

Mir	ra	dos	sim	,mas	por	am	or	de	vós	mir	ra	dos .
1	2	3	**4**	5	6	7	**8**	9	10	11	**12**	x

Verdadeiro verso alexandrino com pausa na quarta, oitava e décima segunda sílabas.

Co	mi	dos	sim	mas	por	am	or	de	vós	co	mi	dos
1	2	3	**4**	5	6	7	**8**	9	10	11	**12**	x

Verso alexandrino com pausa na quarta, oitava e décima segunda sílabas. "Pisados e perseguidos", invertidos no final do período, ganham uma sonoridade que não teriam se se respeitasse a posição original: mas por amor de vós perseguidos e pisados.

V

Agora torna a minha pergunta: E que faria neste caso, ou que devia fazer o semeador Evangélico, vendo tão mal logrados seus primeiros trabalhos? Deixaria a lavoura? Desistiria da sementeira?[1] Ficar-se-ia ocioso no campo, só porque tinha lá ido? Parece que não. Mas se tornasse muito depressa a buscar alguns instrumentos com que alimpar a terra das pedras e dos espinhos, seria isto desistir?[2] Seria isto tornar atrás? Não por certo. No mesmo texto de Ezequiel com que arguistes, temos a prova. Já vimos como dizia o texto, que aqueles animais da carroça de Deus, "quando iam não tornavam": *Nec revertebantur, cum ambularent*[3]. Lede agora dois versos mais abaixo, e vereis que diz o mesmo texto que "aqueles animais tornavam, e semelhança de um raio ou corisco": *Ibant et revertebantur in similitudinem fulgoris coruscantis*[4]. Pois se os animais iam e tornavam à semelhança de um raio, como diz o texto que quando iam não tornavam? Porque quem vai e volta como um raio, não torna. Ir e voltar como raio, não é tornar, é ir por diante[5]. Assim o fez o semeador do nosso Evangelho. Não o desanimou nem a primeira nem a segunda nem a terceira perda; continuou por diante no semear, e foi com tanta felicidade, que nesta quarta e última parte do trigo se restauraram com vantagem as perdas do demais: nasceu, cresceu, espigou, amadureceu, colheu-se, mediu-se, achou-se que por um grão multiplicara cento: *Et fecit fructum centuplum*[6].

1. **Deixaria a lavoura? Desistiria da Sementeira?** O orador continua usando da metáfora. O pregador age como se fosse um lavrador. O lavrador lança as sementes; o pregador, palavras. Assim como o lavrador não desiste do empreendimento quando a semente não floresce, assim também, o pregador não desiste de converter as almas ainda que estas sejam insensíveis às suas palavras.
2. **Mas se tornasse muito depressa a casa a buscar alguns instrumentos... Seria isto desistir?** É precisamente isto que faz o orador. Volta à Corte para buscar instrumentos com que possa garantir a liberdade dos índios. Voltará ao Maranhão com o diploma real de 9 de abril de 1655 que suspende o cativeiro. Os jesuítas ganham poder de intervenção na defesa do índio e, entre seus pares, é escolhido em Lisboa o presidente da Junta das Missões.

3. **Nec revertebantur, cum ambularent.** Não se viravam quando andavam. Ezequiel – 1/12.
4. **Ibant, et revertebantur in similitudinem fulguris coruscantis?** Os animais (seres viventes) corriam e tornavam à semelhança dos relâmpagos. Ezequiel 1/14.
5. **Ir, e voltar como raio, não é tornar, é ir diante.** Vieira sai do Maranhão, vai à metrópole e deseja voltar, como de fato voltou, segundo diz. Vai diante.
6. **Et fecit fructum centuplum.** E produziu a cento por um, Lucas VIII. Na época o numeral cento era usado por cem.

VI

Oh que grandes esperanças me dá esta sementeira! Oh que grande exemplo me dá este semeador! Dá-me grandes esperanças a sementeira porque, ainda que se perderam os primeiros trabalhos, lograr-se-ão os últimos[1]. Dá-me grande exemplo o semeador, porque, depois de perder a primeira, a segunda e a terceira parte do trigo, aproveitou a quarta e última, e colheu dela muito fruto. Já que se perderam as três partes da vida[2], já que uma parte da idade a levaram os espinhos, já que outra parte a levaram as pedras, já que outra parte a levaram os caminhos, e tantos caminhos, esta quarta e última parte, este último quartel da vida, porque se perderá também? Por que não dará fruto? Por que não terão também os anos o que tem o ano?[3] O ano tem tempo para as flores e tempo para os frutos. Por que não terá também o seu Outono a vida? As flores, umas caem, outras secam, outras murcham, outras leva o vento; aquelas poucas que se pegam ao tronco e se convertem em fruto, só essas são as venturosas, só essas são as que aproveitam, só essas são as que sustentam o Mundo. Será bem que o Mundo morra à fome? Será bem que os últimos dias se passem em flores? Não será bem, nem Deus quer que seja, nem há-de ser. Eis aqui por que eu dizia ao princípio, que vindes enganados com o Pregador[4]. Mas para que possais ir desenganados com o sermão, tratarei nele uma matéria de grande peso e importância. Servirá como de prólogo aos sermões que vos hei-de pregar, e aos mais que ouvirdes esta Quaresma.

1. **...ainda que se perderam os primeiros trabalhos, lograr-se-ão os últimos.** Vieira julga que, embora tenha perdido as primeiras batalhas em favor da liberdade dos índios, por último vencerá.
2. **Já que se perderam as três partes da vida...** Vieira nasceu em 1608 e morreu em 1697. Viveu, pois, 89 anos. Nesta passagem não supunha viver tanto. Quando proferiu o Sermão da Sexagésima tinha 47 anos. Supunha então que já vivera ¾ da vida.
3. **Por que não terão também os anos o que tem o ano?** O ano tem 4 estações. Bem que a vida humana poderia também ter 4 momentos, entre eles o tempo de frutos.
4. **Eis aqui porque eu dizia ao principio que vindes enganados com o Pregador.** Assim Vieira iniciou o Sermão. Vir do Maranhão à Corte não foi desistência da Missão a que se propôs. É possível que os ouvintes não compreenderam sua presença na metrópole.

Comentários ao Primeiro Capítulo

Vieira pregou este Sermão, em 1655, na Capela Real de Lisboa, destruída no terremoto de 1755. O próprio Autor anuncia, no preâmbulo, a data que proferiu o Sermão e o local. Anuncia também que acaba da chegar do Maranhão para onde volta após a pregação. As dificuldades que aponta, no preâmbulo, referem-se à luta que trava na defesa dos Índios. Começa o discurso com a oração emprestada de Lucas: A semente é a palavra de Deus (Semen est verbum Dei). No primeiro parágrafo, algumas ideias expressivas, em relação ao assunto que vai desenvolver. De pronto, chama ilustre ao auditório. Certamente estão presentes altos mandatários da Monarquia. Depois reconhece que os ouvintes estão desenganados do pregador. Desenganados, porque voltou do Maranhão a Lisboa. Poder-se-ia imaginar que o orador abandonou a catequese dos Índios. No desenvolver do Sermão, veremos que os ouvintes não ficarão desenganados da pregação nem desenganados do pregador. Convoca o auditório para ouvir o Evangelho: "ouçamo-lo todo, que todo é do caso que me levou e me trouxe". O primeiro "todo" equivale a inteiro, do começo ao fim. O segundo é o caso, a missão que o levou e o trouxe de tão longe. O "caso" é a catequese dos índios no Maranhão; levou-o de Lisboa ao Maranhão; trouxe-o de Maranhão a Lisboa. Naquele momento, Vieira está em Lisboa para conquistar a Liberdade dos índios do Maranhão.

No segundo parágrafo, o orador cita o Evangelho. O ouvinte fica com o exercício intelectual de entender e decodificar a metáfora. O semeador sai e lança a semente na terra. Leia-se: O pregador sai para Índia, China, Japão e Brasil e, através do Sermão, lança a palavra divina nos ouvintes. Embora o mundo possa ser ingrato, Deus não é assim para os que semeam. Uns semeam sem sair, sem abandonar a pátria e sua gente. Outros saem para semear e abandonam a pátria e sua gente e vão para a Ásia ou para a América, entre gente e lugar desconhecidos. Então existem pregadores com mais paço e pregadores com mais passos. Dois modelos de pregadores e o orador os identifica pela simples homofonia paço e passo. "Paço" é a forma sincopada de Palácio. "Passo" é o substantivo formado do verbo passear. Vieira dá mais atenção aos pregadores de passo, tais quais os jesuítas que tinham por missão catequizar o mundo. O semeador semeia o campo e é certo que, acabando a tarefa, volta à casa. Mas para o orador, o bom semeador é aquele que vai semear e não volta. Sai de Lisboa onde há muitos paços e se mete na mata Amazônica onde há muitos passos. Empresta do Livro de Ezequiel exemplo para justificar que, aos que vão, é bom que não voltem. O orador pergunta: "E se esse semeador evangélico, quando saiu, achasse o campo tomado; se se armassem contra ele os espinhos; se se levantassem contra ele as pedras, e se lhe fechassem os caminhos que havia de fazer?" Esse semeador evangélico de que fala Vieira, refere-se a ele próprio. No Maranhão, aprisionam-se os índios e querem-nos escravos. Os jesuítas pretendem os índios para si para catequizá-los. Os colonos eram acusados pelos jesuítas de submeterem os índios a um trabalho desumano e crudelíssimo. No dia 13 de junho do ano de 1654, Vieira havia proferido, na Igreja de São Luís do Maranhão, o Sermão de Santo Antônio aos Peixes. O Sermão, repleto de ironia, sarcasmo, simbolismo, sátira, é um violento ataque aos colonos do Maranhão. Após o Sermão, às pressas, fugindo, vai a Lisboa, onde profere agora o Sermão da Sexagésima. Desta maneira, o orador é quem, no Maranhão, encontrou o campo tomado, armados contra ele os espinhos, levantadas contra ele as pedras, fechados para ele os caminhos. Todas estas diversidades experimentaram o semeador do Evangelho e Vieira. Pregando no Maranhão, a palavra caiu entre os espinhos e os espinhos afogaram sua palavra; a palavra caiu sobre as pedras e as pedras secaram sua palavra; a palavra caiu no caminho e os homens pisaram a palavra e as aves comeram a palavra. Comparações, Metáforas, Alegorias. Contra o semeador, contra o pregador, contra Padre Vieira no Maranhão, arma-se o Universo inteiro. Armam-se as criaturas racionais (os homens pisaram a palavra); armam-se as criaturas sensitivas (as aves comeram a palavra); armam-se as criaturas insensíveis (as pedras secaram a palavra). Pior ainda, onde há razão, maior a desgraça. Dos verbos que nomeiam a ação, a do homem é a mais aviltante. A pedra seca. O espinho afoga, a ave come e o homem pisa. Com muito engenho, Vieira interpreta o mandamento de Cristo: "Ide, e pregai a toda criatura". A todas criaturas, ou seja aos homens, às plantas, às aves, às pedras, porque neste mundo, e especial, no Maranhão, porque ali existem homens degenerados, bárbaros e incultos: homens homens, homens brutos, homens troncos, homens pedras. Salvam-se os homens homens. O orador não dá trégua aos colonos do Maranhão. O Semeador do Evangelho não sofreu tanta decepção quanto os pregadores jesuítas no Maranhão. "Mas ainda a do Semeador do nosso Evangelho não foi a maior. A maior é a que se tem experimentado na Seara aonde eu fui, e para onde venho". A alegoria continua. O trigo (a palavra de Deus) padece no Evangelho. Também no Maranhão, houve trigo mirrado, afogado, comido e pisado. E o trigo destruído é o jesuíta que prega no Maranhão, Pará e Amazônia. Missionários afogados no Rio Amazonas; comidos na Ilha dos Aroãs; mirrados na jornada pelo Tocantins, doentes e sedentos e, o pior, perseguidos pelos colonos do Maranhão. O orador não se queixa nem se lamenta das adversidades, inclusive das perseguições, posto que tudo fora realizado por amor de Deus. Por acaso, um lavrador, percebendo que três sementes se perderam entre as pedras, caminhos e espinhos, desistiria de sua missão? Certamente que não. Volta ao texto de Ezequiel para demonstrar que o correto é continuar, persistir, ir adiante. O orador sai do Maranhão e vem à Corte e, depois de ter em mãos o diploma real de 9 de abril de 1655, que suspende o cativeiro dos índios, voltará ao Maranhão. "Quem vai e volta como um raio, não torna. Ir e voltar como raio, não é tornar, é ir por diante". Assim fez como fez o semeador do Evangelho. Perderam-se a primeira, a segunda e a terceira sementes. Não desanimou. A quarta semente lhe dará cem frutos por uma semente. Compara o orador as estações do ano com os anos de vida. Primavera... Outono. Tempo para os frutos. O autor está no outono da vida (47 anos no ano em que prega o Sermão) e, certamente, de volta ao Maranhão, vai colher muitos frutos. Mais uma metáfora. As flores são resultados da semente lançada... e na Primavera (da vida) elas ficam presas ao tronco. Até chegar o Outono (da vida), umas flores caem, outras secam, algumas murcham, muitas leva-as o vento... e poucas duram até o outono para se converteram em frutos. Se não for assim, como se há de sustentar o mundo? O mundo precisa de palavras que façam frutos e de frutos que sustentem o mundo.

A título de intertextualidade

Padre Antonio Vieira

"Por que não terão também os anos o que tem o ano? O ano tem tempo para as flores e tempo para os frutos. Por que não terá também o seu Outono a vida? As flores, umas caem, outras secam, outras murcham, outras leva o vento; aquelas poucas que se pegam ao tronco e se convertem em fruto, só essas são as venturosas, só essas são as que aproveitam, só essas são as que sustentam o Mundo."

Fernando Pessoa

"Quando, Lídia, vier o nosso Outono,
Com o Inverno que há nele, reservemos
Um pensamento, não para a futura
Primavera, que é de outrem,
Nem para o estio de quem somos mortos,
Senão para o que fica do que passa –
O amarelo atual que as folhas vivem
E as torna diferentes"

Vieira pergunta: "Por que não terão os anos o que tem o ano?" Por que não terá também o seu outono a vida? Tudo tem seu tempo. Para Vieira, o ano tem tempo para as flores e para os frutos. Fernando Pessoa completa: É preciso usufruir cada momento, ainda que seja o último, sem se preocupar com o futuro nem lamentar o passado. O outono já anuncia o inverno, a proximidade da morte, contudo o amarelecer das folhas tem o tom dourado da vida. A passagem do tempo é inelutável. Para Vieira, no outono da vida, colhamos os frutos resultados das flores presas ao tronco dos anos. Para Fernando Pessoa, no outono da vida, aceitemos as leis do destino. É preciso aproveitar todos os momentos (carpe diem), ainda que sejam os últimos.

Capítulo Segundo
Dois Parágrafos

Semen est Verbum Dei[1].

I

O trigo que semeou o Pregador Evangélico, diz Cristo que é a palavra de Deus. Os espinhos, as pedras, o caminho e a terra boa, em que o trigo caiu, são os diversos corações dos homens[2]. Os espinhos são os corações embaraçados com cuidados, com riquezas, com delícias[3]; e nestes afoga-se a palavra de Deus. As pedras são os corações duros e obstinados; e nestes seca-se a palavra de Deus, e se nasce, não cria raízes. Os caminhos são os corações inquietos e perturbados com a passagem e tropel das coisas do Mundo, umas que vão, outras que vêm, outras que atravessam, e todas passam; e nestes é pisada a palavra de Deus, porque a desatendem ou a desprezam. Finalmente, a terra boa são os corações bons ou os homens de bom coração; e nestes prende e frutifica a palavra divina, com tanta fecundidade e abundância, que se colhe cento por um: Et fructum fecit centuplum.

1. **Semen est Verbum Dei.** Em Lucas, a palavra é semente. Em João, a palavra é princípio, está com Deus e a palavra é Deus. Todas as coisas foram feitas por meio da palavra e, sem ela, nada do que foi feito se fez. Lucas VIII. João I.
2. **Em Lucas, a metáfora é eloquente.** O semeador lança a semente entre os espinhos e estes a sufocaram. Lança a semente entre as pedras e estas secaram-na por falta de umidade. Lança a semente nos caminhos e estes deixaram-na pisada e comida das aves. Lança a semente em boa terra e esta fê-la crescer e produzir frutos cento por um. O Orador acrescenta ao texto de Lucas nova metáfora. Classifica a personalidade dos homens em quatro espécies, em paralelos ao texto de Lucas.

Homens de corações fúteis – espinhos
Homens de corações insensíveis – pedras
Homens de corações mundanos – caminhos
Homens de corações bons – terra boa

3. Os espinhos são os corações embaraçados... com delicias. Ou seja, os espinho são os corações perturbados... com encantos e deleites

II

Este grande frutificar da palavra de Deus é o em que reparo hoje; e é uma dúvida ou admiração que me traz suspenso e confuso, depois que subo ao púlpito. Se a palavra de Deus é tão eficaz e tão poderosa, como vemos tão pouco fruto da palavra de Deus?[1] Diz Cristo que a palavra de Deus frutifica cento por um, e já eu me contentara com que frutificasse um por cento. Se com cada cem sermões se convertera e emendara[2] um homem, já o Mundo fora santo[3]. Este argumento de fé, fundado na autoridade de Cristo, se aperta[4] ainda mais na experiência, comparando os tempos passados com os presentes. Lede as histórias eclesiásticas[5], e achá-las-eis todas cheias de admiráveis efeitos da pregação da palavra de Deus. Tantos pecadores convertidos, tanta mudança de vida, tanta reformação de costumes; os grandes desprezando as riquezas e vaidades do Mundo; os reis renunciando os ceptros e as coroas; as mocidades e as gentilezas[6] metendo-se pelos desertos e pelas covas; e hoje?[7] Nada disto. Nunca na Igreja de Deus houve tantas pregações, nem tantos pregadores como hoje. Pois se tanto se semeia a palavra de Deus, como é tão pouco o fruto? Não há um homem que em um sermão entre em si[8] e se resolva[9], não há um moço que se arrependa, não há um velho que se desengane. Que é isto? Assim como Deus não é hoje menos omnipotente, assim a sua palavra não é hoje menos poderosa do que dantes era. Pois se a palavra de Deus é tão poderosa; se a palavra de Deus tem hoje tantos pregadores, porque não vemos hoje nenhum fruto da palavra de Deus? Esta, tão grande e tão importante dúvida, será a matéria do sermão[10]. Quero começar pregando-me a mim. A mim será, e também a vós; a mim, para aprender a pregar; a vós, que aprendais a ouvir[11].

1. **O orador estranha o paradoxo: como é possível a palavra de Deus ser pouco eficaz, conquanto poderosa?** Ampliemos o sentido da expressão a "palavra de Deus". Como é possível ter tão pouco resultado a arte, a pintura, a poesia, a música, e tudo aquilo que eleva a alma humana? Na educação dos povos, a poesia é instrumento inigualável. Como existem tantos corações insensíveis à estética poética?
2. **Se com cada cem sermões se convertera e emendará um homem...** ou seja, se como cada cem sermões se emendasse um homem... Na época de Vieira, era usual empregar o mais que perfeito do indicativo pelo imperfeito do subjuntivo em orações subordinadas condicionais.
3. **Permita-nos a interpretação extensiva:** se cem poemas deixassem apenas um homem sensível, já o mundo seria um lugar de paz universal.
4. **Este argumento... Se aperta ainda...** ou seja, este argumento... se reforça ainda.
5. **Histórias Eclesiásticas.** Livro do Eclesiastes – Salomão, Filho de Davi, Rei de Jerusalém.
6. **Os reis renunciando...** as gentilezas, ou seja, os reis renunciando as nobrezas.
7. **E hoje é assim?** No passado, tal qual Salomão, veem-se Reis desprezando as riquezas, os poderosos afastando-se das vaidades do mundo. Reis renunciando ceptros e as coroas. E hoje é assim? Não foi assim no tempo de Vieira, diz ele mesmo. É assim em nosso Tempo?
8. **Não há um homem que em um sermão entre em si...** ou seja, não há um homem que em um sermão reconheça os seus erros para se convencer.
9. **... e se resolva, ou seja, e mude; se converta.**
10. **Esta tão grande e tão importante dúvida será matéria do Sermão.** Aqui, o orador anuncia o tema do Sermão. Até o final, Vieira não vai desviar-se dele. O tema é este: <u>A palavra de Deus é poderosa e, apesar disso, faz pouco fruto.</u>
11. **... a mim para apreender a pregar; a vós para que aprendais a ouvir.** O orador vai ensinar duas coisas importantíssimas a qualquer dos profissionais: Vai nos ensinar a convencer nosso receptor da mensagem; vai nos ensinar a ouvir o emissor da mensagem.

Comentários ao Segundo Capítulo

Neste capítulo, Vieira desvenda a simbologia, esclarece a metáfora, explica a alegoria como se os ouvintes ainda não houvessem percebido. O trigo é a palavra de Deus. Os corações dos homens são espinhos, pedras, caminho e terra boa. Quatro tipos de corações; quatro tipos de homens. Homens de corações fúteis (espinhos); homens de corações insensíveis (pedras); homens de corações mundanos (caminhos); homens de corações bons (terra boa). Assim, lançada a palavra de Deus naqueles corações, ela afoga-se ou seca-se ou é pisada ou frutifica-se. A palavra de Deus não frutifica quando cai em corações embaraçados com cuidados (futilidade), com riquezas (ostentação), com delícias (prazeres mundanos). A palavra de Deus não frutifica quando cai em corações duros (insensíveis) e obstinados (teimosos e relutantes). A palavra de Deus só frutifica quando cai em corações bons (homem moralmente correto em suas atitudes) ou em homem de bom coração (que é misericordioso ou indulgente; magnânimo). O orador assusta-se com o paradoxo: "Se a palavra de Deus é tão eficaz e tão poderosa, como vemos tão pouco fruto da palavra Deus?" Depois da pergunta, provavelmente os ouvintes ficaram mais atentos e curiosos. O recurso de oratória deve ter sido eficaz. A resposta a esta pergunta constitui o tema do Sermão. No final, a conclusão... e a conclusão vai responder por que faz pouco fruto a palavra de Deus, embora seja tão poderosa. Por ora, o orador compara o passado e o presente. No passado, o Sermão era eficaz: pecadores convertidos, o desprezo da riqueza e vaidade, reis renunciando ceptros e coroas, a mocidade em retiro espiritual. E hoje? Não há um homem que, após ouvir o Sermão, entre em si, ou seja, resolve-se, isto é, converta-se. Hoje não há moço ou velho arrependidos. No final, o orador anuncia a matéria do Sermão. Vai até o final, buscando a causa do paradoxo apresentado. Termina com modéstia. "Prego a vocês para aprenderem ouvir e prego a mim para aprender pregar".

A título de intertextualidade

Vieira discursa: "Lede as histórias eclesiásticas, e achá-las-eis todas cheias de admiráveis efeitos da pregação da palavra de Deus". Livro do Eclesiastes ou O Pregador, antigo Testamento, escrito por Salomão, filho de Davi, Rei de Jerusalém.

Tudo é vaidade
Palavras do Pregador, filho de Davi, rei de Jerusalém: Vaidade de vaidades, diz o Pregador; vaidade de vaidades! Tudo é vaidade. Que proveito tem o homem de todo o trabalho o seu trabalho, com que se afadiga debaixo do sol? Uma geração vai e geração vem; mas a terra permanece para sempre. Levanta-se o sol, e põe-se o sol; e voltar ao seu lugar, onde nasce de novo. O vento vai para o sul e faz o seu giro para o norte, volve-se e resolve-se, na sua carreira, e retorna aos seus circuitos. Todos os rios correm para o mar, e o mar não se enche; ao lugar para onde correm os rios, para lá tornam eles a correr. Todas as cousas são canseiras tais, que ninguém as pode exprimir; os olhos não fartam de ver, nem se enchem os ouvidos de ouvir. O que foi é o que há de ser; e o que se fez, isso se tornará a fazer; nada há, pois, novo debaixo do sol. Há alguma cousa de que se possa dizer: Vê, isto é novo? Não! Já foi nos séculos que foram antes de nós. Já não há lembranças das cousas que precederam; e das cousas posteriores também não haverá memória entre os que hão de vir depois delas.

Tempo para Tudo
Tudo tem o seu tempo determinado, e há tempo para todo propósito debaixo do céu. Há tempo de nascer, e tempo de morrer; tempo de plantar, e tempo de arrancar o que se plantou; tempo de matar e tempo de curar; tempo de derribar e tempo de edificar; tempo de chorar e tempo de rir; tempo de prantear e tempo de saltar de alegria; tempo de espalhar pedras e tempo de ajuntar pedras; tempo de abraçar e tempo de afastar-se de abraçar. Tempo de buscar e tempo de perder; tempo de guardar e tempo de deitar fora; tempo de rasgar e tempo de coser; tempo de estar calado e tempo de falar; tempo de amar e tempo de aborrecer; tempo de guerra e tempo de paz.

Para Vieira, as historias eclesiásticas converteram pecadores, reformaram costumes, fizeram os homens desprezar as riquezas e as vaidades do Mundo. O Eclesiastes é, antes de tudo, poesia. Cada versículo é um verso poético e cada verso poético vale um provérbio. Vaidade de vaidades...vaidade de vaidades, tudo é vaidade. Tudo tem seu tempo determinado, e há tempo para todo propósito debaixo do céu... tempo de plantar e tempo de arrancar o que se plantou. Para Vieira, as histórias eclesiásticas convertiam a mocidade e até reis.

Capítulo Terceiro

Quatro Parágrafos

I

Fazer pouco fruto a palavra de Deus no Mundo, pode proceder de um de três princípios: ou da parte do pregador, ou da parte do ouvinte, ou da parte de Deus[1]. Para uma alma se converter por meio de um sermão, há-de haver três concursos: há-de concorrer o pregador com a doutrina, persuadindo; há-de concorrer o ouvinte com o entendimento, percebendo; há-de concorrer Deus com a graça, alumiando[2]. Para um homem se ver a si mesmo, são necessárias três coisas: olhos, espelho[3] e luz. Se tem espelho e é cego, não se pode ver por falta de olhos; se tem espelho e olhos, e é de noite, não se pode ver por falta de luz. Logo, há mister luz, há mister espelho e há mister olhos. Que coisa é a conversão de uma alma, senão entrar um homem dentro em si e ver-se a si mesmo?[4] Para esta vista são necessários olhos, e necessária luz e é necessário espelho. O pregador concorre com o espelho, que é a doutrina[5]; Deus concorre com a luz, que é a graça; o homem concorre com os olhos, que é o conhecimento. Ora suposto que a conversão das almas por meio da pregação depende destes três concursos: de Deus, do pregador e do ouvinte, por qual deles devemos entender que falta? Por parte do ouvinte, ou por parte do pregador, ou por parte de Deus?[6]

1. **... ou por parte do pregador, ou por parte do ouvinte ou da parte de Deus.** O orador levanta as hipóteses pelas quais faz pouco fruto a mensagem. A culpa é do emissor da mensagem (pregador), ou do receptor da mensagem (ouvinte), ou de Deus que tudo sabe e rege. Pregador é o emissor da mensagem; leia-se, pois, sacerdotes, políticos, professores, pais. Ouvinte é o receptor da mensagem; leia-se, pois, fiéis, eleitores, alunos, filhos. Deus é o juízo universal. Pergunta-se: Existe a interferência do Sobrenatural no Natural?

2. Observe:

Agente	Instrumento	Modo
Pregador	Doutrina	Persuadindo
Ouvinte	Entendimento	Percebendo
Deus	Graça	Alumiando

3. **O espelho sempre esteve associado ao autoconhecimento.** Também a Bíblia associa espelho à Doutrina. Na Segunda Epístola de São Paulo aos Coríntios, no Versículo 18, São Paulo fez do espelho metáfora de Deus. "E todos nós, com o rosto desvendado, contemplando, como por espelho, a glória do Senhor, somos transformados, de glória em glória, na sua própria imagem."
4. **Que cousa é a conversão de uma alma, senão entrar um homem dentro em si, e ver-se a si mesmo?** Magnífica definição de conversão ou autoconhecimento. Sócrates já havia dito: "Hei de conhecer-me", quem conhece a si mesmo ama a humanidade. Nada que é humano lhe é estranho. Observe o pleonasmo: ver-se a si mesmo.
5. **O pregador concorre com o espelho que é a doutrina.** Conhecer a doutrina é ver-se a si mesmo.
6. **O orador prepara a plateia de ouvintes para responder o que põe em discussão.** Afinal, quem é o culpado pelo insucesso da conversão das almas? O ouvinte, o pregador ou Deus?

II

Primeiramente, por parte de Deus, não falta nem pode faltar. Esta proposição é de fé, definida no Concílio Tridentino[1], e no nosso Evangelho a temos[2]. Do trigo que deitou à terra o semeador, uma parte se logrou e três se perderam. E porque se perderam estas três? A primeira perdeu-se, porque a afogaram os espinhos; a segunda, porque a secaram as pedras; a terceira, porque a pisaram os homens e a comeram as aves. Isto é o que diz Cristo; mas notai o que não diz. Não diz que parte alguma daquele trigo se perdesse por causa do sol ou da chuva. A causa por que ordinariamente se perdem as sementeiras, é pela desigualdade e pela intemperança dos tempos, ou porque falta ou sobeja a chuva, ou porque falta ou sobeja o sol. Pois porque não introduz Cristo na parábola do Evangelho algum trigo que se perdesse por causa do sol ou da chuva? Porque o sol e a chuva são as influências da parte do Céu, e deixar de frutificar a semente da palavra de Deus, nunca é por falta do Céu, sempre é por culpa nossa. Deixará de frutificar a sementeira, ou pelo embaraço dos espinhos, ou pela dureza das pedras, ou pelos descaminhos dos caminhos; mas por falta das influências do Céu, isso nunca é nem pode ser. Sempre Deus está pronto da sua parte, com o sol para aquentar e com a chuva para regar; com o sol para alumiar e com a chuva para amolecer, se os nossos corações quiserem: *Qui solem suum oriri facit super bonos et malos, et pluit super justos et injustos*[3]. Se Deus dá o seu sol e a sua chuva aos bons e aos maus; aos maus que se quiserem fazer bons, como a negará? Este ponto é tão claro que não há para que nos determos em mais prova. *Quid debui facere vineae meae, et non feci?*[4] disse o mesmo Deus por Isaías.

1. **Concílio Tridentino.** O Concílio realizado em Trento, cidade da Itália, de 1545 a 1563, decidiu a reforma geral da Igreja Católica, em face do protestantismo. Já que a conversão das almas depende do concurso de Deus, do pregador e do ouvinte, de pronto, o orador nega que Deus possa ter culpa de não se converterem as almas. Dois argumentos. O primeiro, a proposição de fé, proferida pelo Concílio de Trento. Lá decidiu-se que a graça é entendida como um dom gratuito de Deus. Assim, o homem pode chegar à salvação, por meio da graça e sem ela nunca. Decidiu-se mais: a graça divina não é incompatível com o livre arbítrio. Argumento por principio e autoridade.
2. **E nosso Evangelho a temos.** Segundo argumento, este extraído do Evangelho. Quatro sementes foram lançadas e três se perderam. Quais as causas de não florescerem três sementes? Espinhos – pedras – pisaram os homens. Normalmente a semente não floresce por falta ou excesso de chuva ou sol. E conclui o orador: chuva e sol vêm do céu e nunca a causa de não florescer a semente possa vir do céu. É um sofisma muito bem articulado. Argumento por analogia.
3. **... *facit super bonos, et malos, et pluit super justos, et injustos.* Mateus 5/45** – que o seu sol se levante sobre maus e bons e a chuva desça sobre justos e injustos.

4. **Quid debuit facere vineae meae, et non feci? Isaias 5/4** – Que mais poderia eu fazer pela minha vida, que não tinha feito?

III

Sendo, pois, certo que a palavra divina não deixa de frutificar por parte de Deus; segue-se que ou é por falta do pregador ou por falta dos ouvintes[1]. Por qual será? Os pregadores deitam a culpa aos ouvintes, mas não é assim. Se fora por parte dos ouvintes, não fizera a palavra de Deus muito grande fruto, mas não fazer nenhum fruto e nenhum efeito, não é por parte dos ouvintes. Provo[2]. Os ouvintes ou são maus ou são bons; se são bons, faz neles fruto a palavra de Deus, se são maus, ainda que não faça neles fruto, faz efeito. No Evangelho o temos. O trigo que caiu nos espinhos, nasceu, mas afogaram-no: *Simul exortae spinae suffocaverunt illud*. O trigo que caiu nas pedras, nasceu também, mas secou-se: *Et natum aruit*. O trigo que caiu na terra boa, nasceu e frutificou com grande multiplicação: *Et natum fecit fructum centuplum*. De maneira que o trigo que caiu na boa terra, nasceu e frutificou; o trigo que caiu na má terra, não frutificou, mas nasceu; porque a palavra de Deus é tão funda, que nos bons faz muito fruto e é tão eficaz que nos maus ainda que não faça fruto, faz efeito; lançada nos espinhos, não frutificou, mas nasceu até nos espinhos; lançada nas pedras, não frutificou, mas nasceu até nas pedras. Os piores ouvintes que há na Igreja de Deus, são as pedras e os espinhos[3]. E porquê? Os espinhos por agudos, as pedras por duras. Ouvintes de entendimentos agudos e ouvintes de vontades endurecidas são os piores que há. Os ouvintes de entendimentos agudos são maus ouvintes, porque vêm só a ouvir sutilezas, a esperar galantarias, a avaliar pensamentos, e às vezes também a picar a quem os não pica. *Aliud cecidit inter spinas*: O trigo não picou os espinhos, antes os espinhos o picaram a ele; e o mesmo sucede cá. Cuidais que o sermão vos picou e vós, e não é assim; vós sois os que picais o sermão. Por isto são maus ouvintes os de entendimentos agudos. Mas os de vontades endurecidas ainda são piores, porque um entendimento agudo pode ferir pelos mesmos fios, e vencer-se uma agudeza com outra maior; mas contra vontades endurecidas nenhuma coisa aproveita a agudeza, antes dana mais, porque quanto as setas são mais agudas, tanto mais facilmente se despontam na pedra. Oh! Deus nos livre de vontades endurecidas, que ainda são piores que as pedras! A vara de Moisés abrandou as pedras, e não pôde abrandar uma vontade endurecida: *Percutiens virga bis silicem, et egressae sunt aquae largissimae*[4]. *Induratum est cor Pharaonis*[5]. E com os ouvintes de entendimentos agudos e os ouvintes de vontades endurecidas serem os mais rebeldes, é tanta a força da divina palavra, que, apesar da agudeza, nasce nos espinhos, e apesar da dureza nasce nas pedras. Pudéramos arguir ao lavrador do Evangelho de não cortar os espinhos e de não arrancar as pedras antes de semear, mas de indústria deixou no campo as pedras e os espinhos, para que se visse a força do que semeava. É tanta a força da divina palavra, que, sem cortar nem despontar espinhos, nasce entre espinhos. É tanta a força da divina palavra, que, sem arrancar nem abrandar pedras, nasce nas pedras. Corações embaraçados como espinhos corações secos e duros como pedras, ouvi a palavra de Deus e tende confiança! Tomai exemplo nessas mesmas pedras e nesses espinhos! Esses espinhos e essas pedras agora resistem ao semeador do Céu; mas virá tempo em que essas mesmas pedras o aclamem[6] e esses mesmos espinhos o coroem[7]. Quando o semeador do Céu deixou o campo, saindo deste Mundo, as pedras se quebraram para lhe fazerem aclamações, e os espinhos se teceram para lhe fazerem coroa. E se a palavra de Deus até dos espinhos e das pedras triunfa; se a palavra de Deus até nas pedras, até nos espinhos nasce; não triunfar dos alvedrios hoje a palavra de Deus, nem nascer nos corações, não é por culpa, nem por indisposição dos ouvintes.

1. **Segue-se que ou é por falta do pregador, ou por falta do ouvinte.** O Orador demonstrou, no parágrafo anterior, que Deus não é culpado por não frutificar a palavra divina. Ora, sobram dois os possíveis culpados: o ouvinte ou o pregador.
2. **Provo.** Segue agora um silogismo para demonstrar que também os ouvintes não são os culpados por não frutificar a palavra divina. O orador busca o texto bíblico (Lucas VIII) e com ele faz a demonstração.
3. **Os piores ouvintes que há na Igreja de Deus são pedras, e os espinhos.** Magnífica metáfora. Ouvintes pedras; ouvintes espinhos. Uns agudos; os outros duros.

4. **Percutiens virga bis silicem, et egressae sunt aquae largissimae...** (**Moises**) Feriu a rocha duas vezes com sua vara, e saíram muitas águas.
5. **Induratum est cor Pharaonis.** Endureceu o coração do Faraó – Antigo Testamento Êxodo 7/13.
6. **... essas mesmas pedras o aclamem.** O orador faz referência ao texto de Mateus 27/51: e eis que o véu do templo se partiu em dois, de alto a baixo; e tremeu a terra e fenderam-se as pedras.
7. **... e esses mesmos espinhos o coroem.** Referência ao texto de Mateus 27/29 em que se narra a crônica dos Carrascos de Jesus que tecem uma coroa de espinhos; põem-na em sua cabeça... e, ajoelhando-se diante dele, o escarneciam, dizendo: Rei dos Judeus!

IV

Supostas estas duas demonstrações; suposto que o fruto e efeitos da palavra de Deus, não fica, nem por parte de Deus, nem por parte dos ouvintes, segue-se por consequência clara, que fica por parte do pregador. E assim é. Sabeis, cristãos, porque não faz fruto a palavra de Deus? Por culpa dos pregadores. Sabeis, pregadores, porque não faz fruto a palavra de Deus? – Por culpa nossa[1].

1. **O orador julga clara sua demonstração.** Deus não é culpado por ser inócuo e ineficaz o sermão. O ouvinte não é culpado por ser inócuo e ineficaz o sermão. E conclui o orador a uma plateia constituída também de Sacerdotes: Nós, os pregadores, somos os culpados por não fazer fruto a palavra de Deus.

Comentários ao Terceiro Capítulo

Nesta passagem, o orador dá o exemplo mais vivo da prosa Barroca. O raciocínio não caminha em linha reta. Ele se faz circular. Diga-se também que é um dos mais belos textos do movimento literário que dominou quase todo o século XVII. O orador está procurando a causa por fazer tão pouco fruto a palavra de Deus no mundo. Lança a hipótese. Se, na emissão da mensagem, há, pelo menos, dois dos envolvidos —emissor e receptor — então já encontramos dois dos possíveis culpados: o pregador ou o ouvinte. Contudo, Deus, que tudo rege, pode ser um dos culpados, já que, para a mentalidade cristã do século XVII, nem uma folha da árvore cai sem seu conhecimento e permissão. Então, um dos três é o culpado por fazer tão pouco fruto a palavra de Deus no mundo: O pregador ou o ouvinte ou Deus. Não existe sermão sem a participação simultânea do ouvinte e do pregador e de Deus. O pregador é o emissor da mensagem, o ouvinte é o receptor da mensagem, Deus estimula a comunicação e a incentiva. Conversão de uma alma é "entrar um homem dentro em si e ver-se a si mesmo". Definição exemplar. Serve aos cristãos como a Santo Agostinho e a Santo Tomás de Aquino; serve aos pagãos como a Platão e Sócrates; (conhece-te a ti mesmo); serve aos ateus como a Freud e seus discípulos (a maioria de nossas ações são determinadas pelo inconsciente). Para este conhecimento interior, participa o pregador, persuadindo o ouvinte com sua Doutrina. Ele é o espelho, modelo de vida, que o ouvinte pode imitar. Mostre-se, a si mesmo, ao ouvinte e procure transmitir-lhe seu exemplo de vida. Participa o ouvinte, entendendo o pregador com sua percepção. Ele é os olhos, fonte primária do conhecimento. Olhe-se, a si mesmo, no espelho e procure notar, se o que vê, não é a sua própria imagem. Participa Deus, alumiando o pregador e o ouvinte com sua graça. Ele é a luz, fonte inesgotável de energia e vida. Sem luz, nada se entende, nada se percebe. A eficácia da comunicação depende da concorrência do pregador, do ouvinte e de Deus.

Participação Trinitária

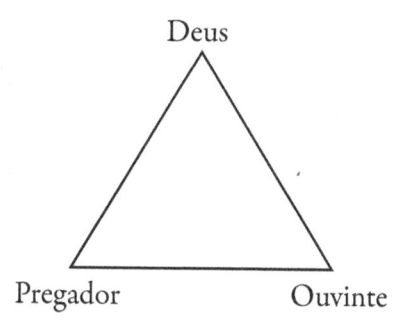

```
        Deus
         /\
        /  \
       /    \
      /_____\
  Pregador   Ouvinte
```

Também no cristianismo é trinitário, o dogma das três pessoas em Deus.

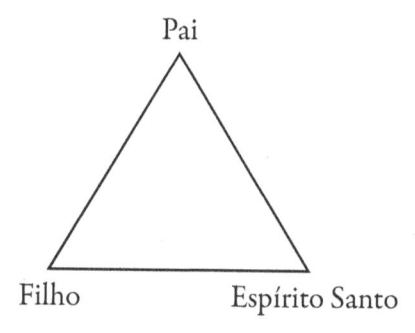

```
         Pai
         /\
        /  \
       /    \
      /_____\
   Filho   Espírito Santo
```

C.G. Jung, no livro Interpretação Psicológica do Dogma da Trindade – Vozes Editora – afirma que as tríades divinas aparecem no estágio primitivo do pensamento humano. Existe um sem-número de tríades arcaicas nas religiões antigas e exóticas. Elas, certamente inspiram, originalmente, a ideia da Trindade Cristã. Na Babilônia e no Egito antigos eram três os deuses:

- Tríade babilônica: Anu, Bel e Ea.
- Tríade Egípcia: Deus, Rei e Ka
- Tríade Cristã: Pai, Filho e Espírito Santo.
- Tríade da Comunicação: Deus, Pregador e Ouvinte.

No final do primeiro parágrafo, Vieira lança o desafio: "ora suposto que a conversão das almas por meio da pregação depende destes três concursos: de Deus, do pregador e do ouvinte, por qual deles devemos entender que falta?

Por parte do ouvinte, ou por parte do pregador ou por parte de Deus?" O orador vai agora buscar o culpado. Seria Deus o culpado pela ineficácia da comunicação? "Primeiramente, por parte de Deus, não falta nem pode faltar". O orador exclui, de pronto, Deus da culpabilidade. Se o faz de pronto, soa assim como uma hipótese... e se é hipótese, merece demonstração para chegar, insofismavelmente, à tese. Dois argumentos: argumento com apoio na fé e argumento racional com apoio na Bíblia. O argumento de fé vai buscar as decisões do Concílio Tridentino. Lá, na metade do século XVI, o Concílio realizado em Trento para reformar a Igreja Católica, decidiu-se que a graça é um dom gratuito de Deus. Não se pode chegar à Salvação sem ela. Decidiu-se mais: a graça divina não é incompatível com o livre arbítrio. Assim a conversão da alma precisa da graça divina; a graça divina é um dom gratuito, distribuída a todos; a graça divina dada gratuitamente por Deus não prejudica o Livre Arbítrio. Receba-a livremente quem a quiser. Deus dá o dom de graça a todos; compete a cada alma, livremente, decidir se a acolhe ou a rejeita. Mateus (5/45) já dissera: "Deus faz nascer o seu sol sobre maus e bons e vir chuva sobre justos e injustos". Este é o argumento de fé. O argumento racional é extraído do texto bíblico. Três das quatro sementes lançadas se perderam. A primeira foi afogada pelos espinhos; a outra as pedras a secaram; a terceira os homens a pisaram e, depois de pisada, as aves a comeram. Causas imediatas: espinhos, pedras, homens e aves. Contudo, a causa mais comum de se perderem as sementeiras é pela falta de chuva ou pelo excesso de chuva; pela falta de sol ou pelo excesso de sol. Ora, sol e chuva vêm do céu...e não está escrito no Evangelho que alguma semente tenha-se afogado por falta ou excesso de sol e chuva? Por quê? Porque sol e chuva vêm do céu... e nunca a desgraça vem do céu. Eis a razão por que não está escrito no Evangelho que alguma semente tenha-se perdido por culpa de sol e chuva. O Silogismo é por dedução:

- Premissa maior: No Evangelho, aparecem todas as causas de se perderem as sementeiras: espinhos, pedras, homens e aves;
- Premissa menor: Ora, a chuva e o sol não aparecem como causa de se perderem as sementeiras;
- Conclusão: A chuva e o sol não são causas de se perderem as sementeiras.

Outro silogismo:

- Premissa maior: Tudo aquilo que faz perderem-se as sementeiras vem, como diz o Evangelho, deste mundo: espinhos, pedras, homens e aves;
- Premissa menor: Ora, o sol e a chuva vêm do céu e, no Evangelho, não são causas de perderem-se as sementeiras;
- Conclusão: Logo, as causas que fazem perderem-se as sementeiras nunca vêm do céu.

Ambos os silogismos são sofismas. Tanto deste mundo são espinhos, as pedras, os homens e as aves como também o sol e a chuva. Se o sol e a chuva vêm do céu, também vêm do céu os espinhos, as pedras, os homens e as aves. Se os espinhos, as pedras, os homens e as aves são deste mundo, também deste mundo são o sol e a chuva. Com duas argumentações (uma com apoio na fé e outra com apoio na interpretação racional da bíblia) o orador exclui Deus como culpado de fazer tão pouco fruto no mundo a palavra de Deus. Segue-se agora que é por culpa do pregador ou do ouvinte. O orador, na sequência, exclui os ouvintes como culpados. "Os pregadores deitam a culpa aos ouvintes, mas não é assim". Permita-nos uma interpretação extensiva. Os professores, os pais, os oradores deitam a culpa aos alunos, aos filhos, às plateias, mas não é assim. Vieira vai demonstrar que os ouvintes não são os culpados. Disse "provo", tão seguro, tal qual um professor de matemática. Os ângulos de um triângulo qualquer somam 180°. Provo. E segue a demonstração. Vamos à prova que arquiteta Vieira. Os ouvintes ou são maus ou são bons. Se são bons, neles fazem frutos a palavra de Deus. Se são maus, a palavra de Deus neles pode não fazer fruto mas faz efeito. Volta o orador ao Evangelho de Lucas para demonstrar o que afirma. O trigo que caiu na boa terra, nasceu e frutificou. O trigo que caiu na terra má, nasceu, mas não vingou. Não deu frutos, mas causou efeito. A palavra de Deus é tão eficaz que ouvida pelos homens bons germina e dá frutos, ouvida pelos homens maus, germina, embora possa não dar frutos. O orador aproveita-se da alegoria de Lucas e transporta-a ao discurso com o propósito de ser racional. Vieira quer deixar em concerto a fé e a razão. Ecos da doutrina escolástica de que se destacam os sistemas de Santo Anselmo e de Santo Tomás de

Aquino. Anselmo (1033-1109), arcebispo de Cantuária, teólogo e filósofo agostinista italiano, procura demonstrar a existência de Deus racionalmente. Aquino (1225-1274) teólogo italiano, tenta conciliar o aristotelismo com o cristianismo. Vieira procura ser racional em tudo que afirma, ainda que interpretando, a sua maneira, o texto bíblico. Volta o orador aos maus ouvintes para descrevê-los. São os espinhos e as pedras. Os espinhos têm o entendimento agudo. As pedras têm a vontade endurecida. Ouvintes de entendimento agudo só ouvem sutilezas, esperam galanterias, avaliam pensamentos e picam o pregador. As pedras são ainda piores que os espinhos. A vara de Moisés abrandou as pedras e não pôde abrandar uma vontade endurecida. Os ouvintes/espinhos são irônicos e sarcásticos. Os ouvintes/pedras são indiferentes e insensíveis. Os ouvintes/espinhos estão sempre atentos para reagir. Os ouvintes/pedras são abúlicos. Pregar aos ouvintes/pedras tem o mesmo efeito de arar as ondas do mar. Contudo, é tanta a força da palavra divina que, até entre espinhos e pedras, pode fazer efeito. Lembremos que os espinhos coroavam Cristo (Mateus 27/29) e as pedras o aclamaram (Mateus 27/51). O orador não quis interpretar que a coroação de Cristo com espinhos é um gesto irônico e sarcástico de seus carrascos... "tecem uma coroa de espinhos; põem-na em sua cabeça... e, ajoelhando-se diante dele, o escarneciam dizendo: Rei dos Judeus!". O orador chega ao final do terceiro capítulo certo de que tenha convencido os ouvintes. Fazer pouco fruto a palavra de Deus no mundo não é por culpa de Deus nem por culpa do ouvinte. Eram três os eventuais culpados. Excluíram-se Deus e o ouvinte. Segue-se que o culpado é exclusivamente o pregador. E a um auditório composto também de sacerdotes, Vieira fulmina: "Sabeis, pregadores, por que não faz fruto a palavra de Deus? – Por culpa nossa."

A título de Intertextualidade

Padre Vieira

"Fazer pouco fruto a palavra de Deus no mundo, pode proceder de um dos três princípios: ou da parte do pregador, ou da parte do ouvinte, ou da parte de Deus. Primeiramente, por parte de Deus não falta nem pode faltar. Esta proposição é de fé, definida no Concílio Tridentino, e no nosso Evangelho a temos. Sempre Deus está pronto da sua parte, como o sol para aquentar e como a chuva para regar..."

Voltaire – "Dicionário Filosófico"

Milagres

"Segundo a energia do termo, um milagre é uma coisa admirável. Nesse caso, tudo é milagre. A ordem prodigiosa da natureza, a rotação de cem milhões de globos ao redor de um milhão de sóis, a atividade da luz, a vida dos animais, constituem perpétuos milagres.

Segundo as idéias aceitas, chamamos milagre à violação dessas leis divinas e eternas. Assim, quando houver um eclipse do Sol durante a Lua cheia, quando um morto fizer a pé duas léguas de caminho levando a cabeça de baixo do braço, isto quer dizer que sucedeu um milagre.

Vários físicos afirmam que, nesse sentido, não existe milagre algum, e eis aqui seus argumentos.

Um milagre é a violação das leis matemáticas, divinas, imutáveis, eternas. Mediante essa única exposição, um milagre é uma contradição nos termos. Uma lei não pode ser mutável e violada. Mas uma lei, diz-se-lhes, sendo estabelecida por Deus mesmo, não poderá ser suspensa pelo seu autor? Têm a ousadia de responder que não e que é impossível que o Ser infinitamente sábio tenha estabelecido leis para as violar. Um homem, dizem eles, não desmonta sua máquina senão para fazê-la melhor; ora, é claro que, sendo Deus, ele fez essa imensa máquina o melhor que pode: se viu que haveria alguma imperfeição, resultante da natureza da matéria, ele a preveniu desde o começo; assim jamais há de mudar nada."

Para Vieira, Deus não intervém para o insucesso de uma pregação. Se houver intervenção, é sempre com o propósito de alumiar como o sol ou regar como a chuva. Para Voltaire, não existe intervenção do sobrenatural no natural... e não existe exceção para esta regra. O universo segue naturalmente seu caminho. As Leis do Universo não podem ser alteradas. Uma pedra, lançada ao alto, cai sempre atraída pela força gravitacional. As Leis do Congresso Nacional podem ser alteradas, porque são imperfeitas, já que foram criadas pelo homem. As Leis da Natureza foram criadas por Deus e por isso são perfeitas. Não merecem reparos. Qualquer intervenção do sobrenatural no natural seria admitir a ideia de que as Leis de Deus são imperfeitas. "Deus não pode fazer o sol parar" – Disse Isaac Newton. Não há contradição nos termos. Quem altera uma lei reconhece que esta é imperfeita. Assim, para Voltaire, milagre nunca existiu nem poderá existir. Deus não é culpado pelos que tiveram sua casa, construída no morro, devorada pela enchente. Culpado é quem as construiu. Deus perdoa sempre; a natureza, nunca. Vieira e Voltaire podem ter pontos de pensamentos comuns.

Capítulo Quarto

Três Parágrafos

I

Mas como em um pregador há tantas qualidades, e em uma pregação tantas leis, e os pregadores podem ser culpados em todas, em qual consistirá esta culpa?[1] No pregador podem-se considerar cinco circunstâncias: a pessoa, a ciência, a matéria, o estilo, a voz[2]. A pessoa que é, e ciência que tem, a matéria que trata, o estilo que segue, a voz com que fala. Todas estas circunstâncias temos no Evangelho. Vamo-las examinando uma por uma e buscando esta causa. Será porventura o não fazer fruto hoje a palavra de Deus, pela circunstância da pessoa?[3] Será porque antigamente os pregadores eram santos, eram varões apostólicos e exemplares, e hoje os pregadores são eu e outros como eu? Boa razão é esta. A definição do pregador é a vida e o exemplo. Por isso Cristo no Evangelho não o comparou ao semeador, senão ao que semeia. Reparai. Não diz Cristo: saiu a semear o semeador, senão, saiu a semear o que semeia: *Ecce exiit, qui seminat, seminare*. Entre o semeador e o que semeia há muita diferença[4]. Uma coisa é o soldado e outra coisa o que peleja; uma coisa é o governador e outra o que governa. Da mesma maneira, uma coisa é o semeador e outra o que semeia; uma coisa é o pregador e outra o que prega. O semeador e o pregador é nome; o que sameia e o que prega é ação[5]; e as ações são as que dão o ser ao pregador. Ter o nome de pregador, ou ser pregador de nome, não importa nada; as ações, a vida, o exemplo, as obras, são as que convertem o Mundo. O melhor conceito que o pregador leva ao púlpito, qual cuidais que é? O conceito que de sua vida têm os ouvintes. Antigamente convertia-se o Mundo, hoje por que se não converte ninguém? Porque hoje pregam-se palavras e pensamentos, antigamente pregavam-se palavras e obras. Palavras sem obra são tiros sem bala; atroam, mas não ferem. A funda de David derrubou ao Gigante,[6] mas não o derrubou com o estalo, senão com a pedra: *Infixus est lapis in fronte ejus*[7]. As vozes da harpa de David lançavam fora os demónios do corpo de Saul, mas não eram vozes pronunciadas com a boca, eram vozes formadas com a mão: David tollebat citharam, et percutiebat manu sua[8]. Por isso Cristo comparou o pregador ao semeador. O pregar que é falar faz-se com a boca; o pregar que é semear, faz-se com a mão. Para falar ao vento, bastam palavras; para falar ao coração, são necessárias obras. Diz o Evangelho que a palavra de Deus frutificou cento por um. Que quer isto dizer? Quer dizer que de uma palavra nasceram cem palavras? Não. Quer dizer que de poucas palavras nasceram muitas obras. Pois palavras que frutificam obras, vede se podem ser só palavras! Quis Deus converter o Mundo, e que fez? Mandou ao Mundo seu Filho feito homem. Notai. O Filho de Deus, enquanto Deus, é palavra de Deus, não é obra de Deus: Genitum non factum[9]. O Filho de Deus, enquanto Deus e Homem, é palavra de Deus e obra de Deus juntamente: Verbum caro factum est[10]. De maneira que até de sua palavra desacompanhada de obras não fiou Deus a conversão dos homens. Na união da palavra de Deus com a maior obra de Deus consistiu a eficácia da salvação do Mundo. Verbo Divino é palavra divina; mas importa pouco que as nossas palavras sejam divinas, se forem desacompanhadas de obras. A razão disto é porque as palavras ouvem-se, as obras veem-se; as palavras entram pelos ouvidos, as obras entram pelos olhos, e a nossa alma rende-se muito mais pelos olhos que pelos ouvidos. No Céu ninguém há que não ame a Deus, nem possa deixar de o amar. Na terra há tão poucos que o amem, todos o ofendem. Deus não é o mesmo, e tão digno de ser amado no Céu e na Terra? Pois como no Céu obriga e necessita a todos a o amarem, e na terra não? A razão é porque Deus no Céu é Deus visto; Deus na terra é Deus ouvido. No Céu entra o conhecimento de Deus à alma pelos olhos: Videbimus eum sicut est[11]; na terra entra-lhe o conhecimento de Deus pelos ouvidos: Fides ex auditu[12]; e o que entra pelos ouvidos crê-se, o que entra pelos olhos necessita. Viram os ouvintes em nós o que nos ouvem a nós[13], e o abalo e os efeitos do sermão seriam muito outros.

1. **Em qual consistirá a culpa?** Nos capítulos anteriores, o orador exclui Deus e o ouvinte como culpados por não fazer frutos a palavra do pregador. Restou culpado apenas o pregador. Questiona agora em que circunstância a culpa deva cair sobre o pregador, já que o pregador sujeita-se a varias regras da oratória e a oração sujeita-se a tantas qualidades.

2. **Cinco circunstâncias: a Pessoa, a Ciência, a Matéria, o Estilo, a Voz.** É preciso examinar cada uma destas circunstâncias e buscar a causa da ineficiência da comunicação. O orador vai examinar uma por uma destas circunstâncias: o orador que fala (a pessoa), o conhecimento que tem (ciência), o tema que desenvolve (a matéria), a maneira que discursa (estilo) e a articulação da palavra (a voz).
3. **Será por ventura o não fazer fruto hoje a palavra de Deus pela circunstância da pessoa?** Contrariando a regra da oratória clássica Greco-latina, submetida à precisão de regras, Vieira fica com Santo Agostinho. A conduta e o exemplo da Pessoa que prega é condição indispensável para a eficácia da pregação.
4. **Entre o semeador e o que semeia há muita diferença.** Atualíssimo, Uma coisa é o governador, e outra coisa o que governa; uma coisa é o professor, e outra coisa o que ensina; uma coisa é o juiz, e outra coisa o que distribui justiça; uma coisa é o médico, e outra coisa o que cura... Uma coisa é o legislador, e outra o que legisla; uma coisa é o Diretor, e outra coisa é o que dirige; uma coisa é o Executivo, e outra coisa é o que executa.
5. **O Semeador e o pregador é nome; o que semeia e o que prega é ação.** Também atualíssimo. A ação e só a ação pode mudar o mundo. O governador não contribui para a evolução da humanidade. Quem governa (ação) é o agente do desenvolvimento humano.
6. **A funda de David derrubou ao Gigante.** O verbo derrubar é transitivo direto, no entanto o autor usou da preposição "Ao gigante" é, pois, objeto direto preposicionado.
7. **Infixus est lapis in fronte ejus.** Ficou cravada a pedra em sua testa. "Davi meteu a mão no alforje, e tomou dali uma pedra, e com a funda lhe atirou, e feriu o Filisteu na testa e a pedra ficou cravada em sua testa" Livro dos Reis 17/49.
8. **David tollebat citharam, et percutiebat manu sua.** David pegou a harpa e a tocava com sua mão. Samuel 16/23.
9. **Genitum, non factum.** Gerado, não criado.
10. **Verbum caro factum est.** E o verbo se fez carne. João 1/14.
11. **Videbimus eum sicuti est.** Nós o vemos assim como ele é. João 3/2.

12. **Fides ex auditu.** A fé advém de ouvir. Romanos 10/17.
13. **Viram os ouvintes em nós o que nos ouvem a nós.** Objetivo direto pleonástico.

II

Vai um pregador pregando a Paixão, chega ao Pretório[1] de Pilatos[2], conta como a Cristo o fizeram rei de zombaria, diz que tomaram uma púrpura e lha puseram aos ombros[3]; ouve aquilo o auditório muito atento. Diz que teceram uma coroa de espinhos e que lha pregaram na cabeça[4]; ouvem todos com a mesma atenção. Diz mais que lhe ataram as mãos e lhe meteram nelas uma cana por ceptro; continua o mesmo silêncio e a mesma suspensão nos ouvintes. Corre-se neste espaço uma cortina, aparece a imagem do Ecce Homo[5]; eis todos prostrados por terra, eis todos a bater no peito, eis as lágrimas, eis os gritos, eis os alaridos, eis as bofetadas. Que é isto? Que apareceu de novo nesta igreja? Tudo o que descobriu aquela cortina, tinha já dito o pregador. Já tinha dito daquela púrpura, já tinha dito daquela coroa e daqueles espinhos, já tinha dito daquele ceptro e daquela cana. Pois se isto então não fez abalo nenhum, como faz agora tanto? Porque então era Ecce Homo ouvido, e agora é Ecce Homo visto; a pregação do pregador entrava pelos ouvidos, a representação daquela figura entra pelos olhos[6]. Sabem, Padres pregadores, por que fazem pouco abalo os nossos sermões? -- Porque não pregamos aos olhos, pregamos só aos ouvidos. Por que convertia o Baptista tantos pecadores? Porque assim como as suas palavras pregavam aos ouvidos, o seu exemplo pregava aos olhos. As palavras do Baptista pregavam penitência: Agite poenitentiam. Homens, fazei penitência, e o exemplo clamava: Ecce Homo: eis aqui está o homem que é o retrato da penitência e da aspereza. As palavras do Baptista pregavam jejum e repreendiam os regalos e demasias da gula; e o exemplo clamava: Ecce Homo: eis aqui está o homem que se sustenta de gafanhotos e mel silvestre. As palavras do Baptista pregavam composição e modéstia, e condenavam a soberba e a vaidade das galas; e o exemplo clamava: Ecce Homo: eis aqui está o homem vestido de peles de camelo, com as cordas e cilício à raiz da carne. As palavras do Baptista pregavam despegos e retiros do Mundo, e fugir das ocasiões e dos homens; e o exemplo clamava: Ecce Homo: eis aqui o homem que deixou as cortes e as sociedades, e vive num deserto e numa cova. Se os ouvintes ouvem uma coisa e veem outra, como se hão-de converter? Jacob punha as varas manchadas diante das ovelhas quando concebiam, e daqui procedia que os cordeiros nasciam malhados. Se quando os ouvintes percebem os nossos conceitos, têm diante dos olhos as nossas manchas, como hão-de conceber virtudes? Se a minha vida é apologia contra a minha doutrina, se as minhas palavras vão já refutadas nas minhas obras, se uma cousa é o semeador e outra o que semeia, como se há-de fazer fruto?[7]

1. **Pretório.** Tribunal do Pretor. Pretor é o encarregado da justiça em Roma.
2. **Pilatos.** Pôncio Pilatos, governador da Judéia sob o domínio romano, cerca de 39 depois de Cristo.
3. **E lha puseram aos ombros.**
   Lha = lhe + a
   E puseram uma púrpura aos ombros de Cristo.
4. **4 – e que lha pregaram na cabeça.** E que pregaram uma coroa de espinhos na cabeça de Cristo. Jesus nu, com púrpura, a coroa de espinhos e a cana foi o cenário ideal para os pintores renascentistas: Caravaggio, Tiziano, Tintoret, Antonello de Messina.
5. **Ecce homo.** Eis o homem . Eis Jesus, este que sofre injúria e ultrajes narrados por João 14/1 a 7.
6. **A representação daquela figura entra pelos olhos.** O orador compara a comunicação auditiva e a comunicação visual. Demonstra a superioridade da visual. Uma imagem vale mais que mil palavras. No confronto entre ver e ouvir prevalece o ver na comunicação eficaz da mensagem. "O que se transmite pelo ouvido comove mais debilmente os espíritos do que aquelas coisas que são oferecidas aos olhos, testemunhas fiéis, e as quais o espectador aprende por si próprio" Arte poética de Horácio, citado pelo livro "Sermões" do Centro de Estudos de Filosofia de Portugal. "Os homens fazem mais fé nos olhos do que nos ouvidos" Sêneca. Idem.
7. **Se as minhas palavras vão já refutadas nas minhas obras... Como se há de fazer fruto?** O orador acaba de discorrer sobre a discrepân-

cia entre a palavra e o comportamento do homem. Às vezes as atitudes humanas não se coadunam com as palavras. Prega-se a democracia e as atitudes de quem prega, é a de um tirano. Fala-se em humildade e quem prega é arrogante. Segundo o orador, a mensagem não passa do pregador ao ouvinte quando não existe um concerto entre suas palavras e suas ações. Por isso que, atualmente, é fácil perceber charlatanismo em alguns políticos e pregadores. As palavras de Batista pregavam aos ouvidos; as ações de Batista pregavam aos olhos.

Palavras de Batista	Ações de Batista
• Penitência;	• Retrato da penitência e da aspereza;
• Jejum;	• Sustenta-se de gafanhoto e mel silvestre;
• Modéstia;	• Vestido de pele de camelo;
• Despegos	• Deixou as cortes e as cidades, e vive no deserto.

No Sermão do nascimento do menino Deus, Vieira já pregava, em 1633, a valorização dos olhos em detrimento dos ouvidos, ou seja, a valorização das obras em detrimento das palavras: "A razão de as vozes de Deus se perceberem com os olhos, e não com os ouvidos, é porque as vozes de Deus não são palavras, são obras; e o juízo das obras não pertence ao ouvido, senão à vista. As palavras ouvem – se, as obras veem – se.

III

Muito boa e muito forte razão era esta de não fazer fruto a palavra de Deus; mas tem contra si o exemplo e experiência de Jonas[1]. Jonas fugitivo de Deus, desobediente, contumaz, e, ainda depois de engolido e vomitado, iracundo, impaciente, pouco caritativo, pouco misericordioso, e mais zeloso e amigo da própria estimação que da honra de Deus e salvação das almas, desejoso de ver subvertida a Nínive[2], e de a ver subverter com seus olhos, havendo nela tantos mil inocentes; contudo este mesmo homem com um sermão converteu o maior rei, a maior corte e o maior reinado do Mundo, e não de homens fiéis senão de gentios idólatras. Outra é logo a causa que buscamos. Qual será?³

1. **A experiência de Jonas.** Um dos profetas menores, que, segundo a Bíblia, foi milagrosamente salvo depois de haver passado três dias no ventre de uma baleia.
2. **Nínive** – cidade da Ásia antiga, Capital da Assíria, à beira do Tigre, perto de Mossul.
3. **Outra é logo a causa, que buscamos. Qual será?** Jonas converteu o maior Rei, a maior Corte e o maior Reino. Sem que bem o conhecessem, converteu um império. Então é possível converter-se só com palavras, embora excepcional. Busquemos outra causa de não fazer frutos a palavra de Deus. O orador esgotou o assunto ao discorrer sobre a pessoa.

Comentários ao Quarto Capítulo

O pregador é o culpado por fazer tão pouco fruto a palavra de Deus no mundo, mas é preciso analisar as circunstâncias para identificar em qual delas recai a culpa do pregador. O orador começa a analisar cinco circunstâncias: a pessoa, a ciência, a matéria, o estilo, a voz. Reserva Vieira um capítulo inteiro para cada uma destas circunstâncias. Neste, analisa a pessoa, a pessoa do pregador. Põe o orador em antítese o passado e o presente. No passado, os pregadores eram Santos, eram varões apostólicos e exemplares; no presente os pregadores são homens comuns. Observe que Vieira elege o exemplo de vida como a melhor pregação. A imagem de conduta e de vida que o pregador oferece ao ouvinte. Palavra elegante e artisticamente articulada, na boca de um crápula, é ineficaz. Para comprovar o que diz, vai ao Evangelho. Pede a atenção dos ouvintes para lembrar-lhes que no Evangelho, Cristo não disse "semeador". Disse "o que semeia". Não usou do substantivo; usou de verbo. A diferença gramatical é expressiva. Há grande diferença entre o semeador e o que semeia; entre o soldado e o que luta; entre o executivo e o que executa; entre o legislador e o que legisla; entre o diretor e o que dirige; entre o juiz e o que distribui justiça; entre o professor e o que ensina. Substantivo apenas nomeia o ser; o verbo expressa a ação. O homem deve ser reconhecido muito mais por suas ações do que pelas palavras que profere. "Ter o nome de pregador ou ser pregador de nome não importa nada; as ações, a vida, o exemplo, as obras, são as que convertem o mundo". Palavras sem obra são tiros sem bala... são trigo lançado no deserto. O orador vai à bíblia, Antigo Testamento. Força uma interpretação racional. David derrubou o Gigante, não com o estalo da pedra senão com a própria pedra. David livrou Saul dos demônios, não cantando, mas tocando a harpa. A palavra de Deus frutifica cem por cento. Isto não significa que cada palavra reproduz cem palavras; significa que cada palavra reproduz cem obras. Em São João, Capítulo I, lê-se: no princípio era o verbo. Verbo é palavra, ainda não é obra. O filho de Deus é palavra e obra. Para que Deus enviasse seu filho para a salvação da humanidade foi preciso que o verbo (a palavra) se fizesse homem (ação). O orador entra, com sabedoria, no âmbito da pedagogia... as palavras entram pelos ouvidos, as obras entram pelos olhos e a nossa alma rende-se muito mais pelos olhos que pelos ouvidos. Ouvir e ver – dois recursos em busca do conhecimento. Imagine-se um professor de medicina, descrevendo o aparelho digestivo aos alunos. Aprende-se. Porém, aprende-se muito mais quando o professor disseca o corpo e montra aos futuros médicos o aparelho digestivo. Pregador sem obras é como um corpo sem alma. Um político prega a democracia (palavras), mas toda sua conduta é a de um ditador (ação). A ação não está em concerto com o que prega. A mensagem não transita do pregador ao ouvinte. Um pai prega ao filho os princípios da coerência, moralidade e decência (palavras), mas toda sua conduta é de um incoerente, imoral e sem decência (ação). A ação não está em concerto com o que prega. A mensagem não transita do pregador ao ouvinte. Gandhi falava de simplicidade, e democracia, e de humildade. Ele era o exemplo vivo do que falava. A mensagem passou a milhões de seguidores porque havia um concerto entre a palavra (ouvir) e a ação (ver). O orador inventa um exemplo. Na sexta-feira da paixão, o pregador descreve e narra o martírio de Jesus. Todos ouvem atentos, apenas atentos. Porém a reação é de grande comoção quando mostra-se o martírio de Jesus em um cenário. "Sabem, Padres Pregadores, por que fazem pouco abalo os nossos Sermões? – Porque não pregamos aos olhos, pregamos só aos ouvidos". É preciso mostrar obras... e a vida do pregador é o cenário que deve ser mostrado. Batista pregava penitência ... e ele era o exemplo vivo de penitência. Pregava jejum e se alimentava de gafanhoto e mel silvestre. Pregava a modéstia e vestia-se de pelo de camelo. Pregava o despego ao mundo e vivia no deserto.

O orador lança um último exemplo para mostrar a eficácia do "ver" em relação ao "ouvir". "Jacó punha as varas manchadas diante das ovelhas quando concebiam, e daqui procedia que os cordeiros nasciam malhados" Vieira foi buscar, no Antigo Testamento, Gêneses – Capítulo 30 – o exemplo bíblico em busca de ressaltar "ver" em relação a "ouvir". Jacó já havia trabalhado catorze anos para casar-se com Raquel. Agora houve com Labão, pai de Raquel e Lia, um acordo na divisão dos bens. Todos os cordeiros malhados pertenciam a Jacó. "Tomou, então, Jacó varas verdes de álamo... pôs ele em frente ao rebanho... e o rebanho concebia diante das varas e as ovelhas davam crias listadas". Na época acreditava-se que a ovelha teria a cor a que assistia no momento da concepção. Por último conclui. A vida é a apologia do concerto entre as palavras (ouvidas) e as obras (vistas). "Se uma coisa é o semeador e outra a que semeia, como se há de fazer fruto?". O orador acaba concluindo no Terceiro Parágrafo do Quarto Capítulo que "a pessoa que é" pode determinar que se faça pouco fruto a palavra de Deus no mundo. Contudo, anuncia uma exceção à regra. Jonas, no Antigo Testamento, fugitivo de Deus, desobediente, pouco misericordioso converteu o maior reinado do mundo – Nínive. O autor quer buscar uma causa universal, sem exceção. Parte, então, para o Quinto Capítulo em que discute o estilo do orador. Vamos ver, então, se é o estilo o causador do ruído entre o emissor da mensagem e seu receptor.

A Título de Intertextualidade

Padre Antônio Vieira

"Uma coisa é a o soldado e outra coisa o que peleja; uma coisa é o governador e outra o que governa. Da mesma maneira, uma coisa é o semeador e outra o que semeia, uma coisa é o pregador e outra o que prega. O semeador e o pregador é nome; o que semeia e o que prega é ação".

Erich Fromm

Profetas e Padres

"Pode-se dizer, sem exagero, que nunca o conhecimento das grandes ideias produzidas pela raça humana esteve tão difundido pelo mundo quanto hoje. E que nunca essas ideias foram menos eficazes do que são hoje. As ideias de Platão e de Aristóteles, dos profetas e de Cristo, de Spinoza e de Kant são familiares a milhões de pessoas das classes instruídas da Europa e da América. São ensinadas em milhares de instituições de ensino superior, e algumas delas são pregadas por toda parte, em igrejas de todos os credos. Como se pode explicar essa discrepância?

As ideias não influenciam o homem profundamente quando são apenas ensinadas como ideias e pensamentos. O simples travar conhecimento com outras ideias não é o bastante, embora essas ideias, em si mesmas, sejam corretas e poderosas. Mas as ideias só têm, realmente, um efeito sobre o homem quando são vividas por aquele que as ensina, quando são personificadas pelo professor, quando a ideia aparece encarnada. Se um homem expressa a ideia de humildade e é humilde, aqueles que o escutam compreenderão o que é a humildade. Não apenas compreenderão, como também acreditarão que ele está falando de uma realidade e não apenas proferindo palavras.

Àqueles que anunciam ideias – não necessariamente novas – e ao mesmo tempo as vivem podemos chamar profetas. Os profetas do Velho Testamento faziam precisamente isso: anunciavam a ideia de que o homem tinha que encontrar uma resposta para sua existência e de que essa resposta era o desen-

volvimento de sua razão e de seu amor. E ensinavam que a humildade e a justiça estavam inseparavelmente ligadas ao amor e à razão. Eles viviam o que pregavam.

Muitas nações tiveram profetas. Buda viveu seus ensinamentos; Cristo apareceu em carne e osso; Sócrates morreu segundo suas ideias; Spinoza viveu-as. E todos deixaram uma impressão profunda na raça humana, precisamente porque suas ideias se manifestaram na carne de cada um deles.

Os profetas só aparecem a intervalos na história da humanidade. Morrem e deixam sua mensagem. A mensagem é aceita por milhões de pessoas e se torna cara para elas. Essa é exatamente a razão por que a ideia se torna explorável por outros, que podem servir-se do apego das pessoas a essas ideias para seus próprios fins – os de dominar e controlar. Chamemos padres a esses homens que se servem das ideias anunciadas pelos profetas. Os profetas vivem suas ideias. Os padres as ministram às pessoas que lhes têm apego. As ideias perdem sua vitalidade. Transformam-se em fórmulas. Os padres declaram ser muito importante a maneira como uma ideia é formulada; naturalmente, a formulação sempre se torna importante depois que a experiência está morta.

Não existem padres apenas na religião. Existem padres na filosofia e padres na política. Toda escola filosófica tem seus padres. Com frequência, eles são muito instruídos; é sua função ministrar a ideia do pensador original, comunicá-la, interpretá-la, transformá-la num objeto de museu e, dessa forma, guardá-la. E há também os padres políticos; temos visto um número suficiente deles nos últimos 150 anos. Eles apregoaram a ideia de liberdade para proteger os interesses econômicos de sua classe social. Nessa situação, a humanidade precisa de profetas, embora seja duvidoso que suas vozes preponderem sobre as dos padres."

As ideias de Erich Fromm e Padre Vieira têm pontos de coincidência, embora aquele de tradição judaica e ateu e Vieira teísta, católico e jesuíta. Logo de inicio parece Vieira quem fala: "nunca o conhecimento das grandes ideias... esteve tão difundido pelo mundo e nunca essas ideias foram menos eficazes do que hoje". As ideias não passam do mestre ao aluno quando meramente ensinadas. É preciso que o mestre viva e encarne as ideias que prega. Se um homem expressa a ideia de democracia e é tirano, aqueles que o ouvem, não compreenderão o que é democracia. Vieira fala no eficaz pregador. É aquele que prega, e as ações suas são exemplos claros daquilo que prega. Erich Fromm chama "profetas" a estes pregadores eficazes, e cita alguns deles: Cristo, Sócrates, Spinoza, Buda. Padres, para Fromm, são aqueles que se apropriam das ideias dos profetas, buscando com elas o próprio poder. São alguns padres que assim agem na religião, na filosofia e na política. Veem-se padres na política, defendendo a democracia e a liberdade em nome da tirania e da opressão. O texto de Erich Fromm (século XX) poderia ter sido proferido por Vieira (século XVII). DA DESOBEDIÊNCIA E OUTROS ENSAIOS. Erick Fromm

Capítulo Quinto

Cinco Parágrafos

I

Será porventura o estilo que hoje se usa nos púlpitos?[1] Um estilo tão empeçado[2], um estilo tão dificultoso, um estilo tão afetado, um estilo tão encontrado a toda a arte e a toda a natureza? Boa razão é também esta. O estilo há-de ser muito fácil e muito natural. Por isso Cristo comparou o pregar ao semear: Exiit, qui seminat, seminare. Compara Cristo o pregar ao semear, porque o semear é uma arte que tem mais de natureza que de arte[3]. Nas outras artes tudo é arte: na música tudo se faz por compasso, na arquitetura tudo se faz por regra, na aritmética tudo se faz por conta, na geometria tudo se faz por medida. O semear não é assim. É uma arte sem arte, caia onde cair. Vede como semeava o nosso lavrador do Evangelho. Caía o trigo nos espinhos e nascia: Aliud cecidit inter spinas, et simul exortae spinae. Caía o trigo nas pedras e nascia: Aliud cecidit super petram, et ortum. Caía o trigo na terra boa e nascia: Aliud cecidit in terram bonam, et natum. Ia o trigo caindo e ia nascendo4.

1. **Será por ventura o estilo, que hoje se usa nos púlpitos?** Após falar sobre a pessoa do pregador, o orador vai cuidar agora de seu estilo, sempre no desejo de descobrir os defeitos da comunicação.
2. **Um estilo tão empeçado...** empeçado = emaranhado; confuso; difícil de entender. Vieira defende, nesse parágrafo, um estilo espontâneo, simples, fácil, tudo em obediência às qualidades da oratória apresentadas por Aristóteles.
3. **O semear é uma arte, que tem mais de natureza, que de arte.** O orador diz da espontaneidade da arte de semear. A música exige o compasso; a arquitetura, as regras; a aritmética, a conta; a geometria, a medida. Semear é arte sem arte, sem compasso, sem regras, sem conta e sem medida. Na arquitetura, tudo se faz por regra, ou seja, por linha, por régua.

4. **Ia o trigo caindo, e ia nascendo.** Todas as expressões em latim, o próprio orador as traduziu antes de anunciá-las.

II

Assim há-de ser o pregar. Hão-de cair as coisas, hão-de nascer; tão naturais que vão caindo, tão próprias que venham nascendo. Que diferente é o estilo violento e tirânico que hoje se usa! Ver vir os tristes passos da Escritura, como quem vem ao martírio; uns vêm acarretados[1], outros vêm arrastados, outros vêm estirados[2], outros vêm torcidos, outros vêm despedaçados; só atados não vêm! Há tal tirania?[3] Então no meio disto, que bem levantado está aquilo! Não está a coisa no levantar, está no cair: Cecidit. Notai uma alegoria própria da nossa língua. O trigo do semeador, ainda que caiu quatro vezes, só de três nasceu; para o sermão vir nascendo, há-de ter três modos de cair[4]: há-de cair com queda, há-de cair com cadência há-de cair com caso. A queda é para as coisas, a cadência para as palavras, o caso para a disposição. A queda é para as coisas porque hão-de vir bem trazidas e em seu lugar; hão-de ter queda. A cadência é para as palavras, porque não hão-de ser escabrosas[5], nem dissonantes; hão-de ter cadência. O caso é para a disposição, porque há-de ser tão natural e tão desafectada que pareça caso e não estudo: Cecidit, cecidit, cecidit.

1. **Uns vêm acarretados.** Acarretados – Verbo Acarretar – Transportar em carroças.
2. **Outros vêm estirados.** Estirados – estendido ao comprido, esticado, tenso.
3. **Há tal tirania?** A tirania do orador quando seu discurso vem acarretado, arrastado, estirado, torcido.
4. **Para o sermão vir nascendo há de ter três modos de cair.** Depois de descrever o Sermão tirânico, o autor descreve o Sermão eficaz. O Sermão tirânico é estirado, arrastado. O Sermão eficaz deve cair com queda, com cadência e com caso. A queda é para as coisas, a cadência para as palavras e o caso para a disposição. Caso é a queda eventual, sem regras.
5. **Porque não hão de ser escabrosas.** Escabroso-pedregoso, áspero, árduo.

III

Já que falo contra os estilos modernos, quero alegar por mim o estilo do mais antigo pregador que houve no Mundo. E qual foi ele? O mais antigo pregador que houve no Mundo foi o céu. Caeli enarrant gloriam Dei et opera manuum ejus annuntiat firmamentum[1], diz David. Suposto que o céu é pregador, deve de ter sermões e deve de ter palavras. Sim, tem, diz o mesmo David; tem palavras e tem sermões; e mais, muito bem ouvidos. Non sunt loquellae, nec sermones, quorum non audiantur voces eorum[2]. E quais são estes sermões e estas palavras do céu? As palavras são as estrelas, os sermões são a composição, a ordem, a harmonia e o curso delas[3]. Vede como diz o estilo de pregar do céu, com o estilo que Cristo ensinou na terra. Um e outro é semear; a terra semeada de trigo, o céu semeado de estrelas. O pregar há-de ser como quem semeia, e não como quem ladrilha ou azuleja. Ordenado, mas como as estrelas: Stellae manentes in ordine suo[4]. Todas as estrelas estão por sua ordem; mas é ordem que faz influência, não é ordem que faça lavor[5]. Não fez Deus o céu em xadrez de estrelas, como os pregadores fazem o sermão em xadrez de palavras[6]. Se de uma parte há-de estar branco, da outra há-de estar negro; se de uma parte dizem luz, da outra hão-de dizer sombra; se de uma parte dizem desceu, da outra hão-de dizer subiu. Basta que não havemos de ver num sermão duas palavras em paz? Todas hão-de estar sempre em fronteira com o seu contrário? Aprendamos do céu o estilo da disposição, e também o das palavras. As estrelas são muito distintas e muito claras. Assim há-de ser o estilo da pregação; muito distinto e muito claro. E nem por isso temais que pareça o estilo baixo; as estrelas são muito distintas e muito claras, e altíssimas. O estilo pode ser muito claro e muito alto; tão claro que o entendam os que não sabem e tão alto que tenham muito que entender os que sabem. O rústico acha documentos nas estrelas para sua lavoura e o mareante para sua navegação e o matemático para as suas observações e para os seus juízos. De maneira que o rústico e o mareante, que não sabem ler nem escrever entendem as estrelas[7]; e o matemático, que tem lido quantos escreveram, não alcança a entender quanto nelas há. Tal pode ser o sermão: estrelas que todos veem, e muito poucos as medem.

1. **Caeli enarrant gloriam Dei et opera manuum ejus annuntiat firmamentum.** Os céus proclamam a gloria de Deus, e o firmamento proclama as obras de suas mãos. Salmos 18/2.
2. **Non sunt loquellae, nec sermones, quorum non audiantur voces eorum.** Não são ditos discursos que não se percebe a voz. Salmos 18/4.
3. **... e o curso delas.**
   Palavras – estrelas
   Sermões – o curso das estrelas
   No princípio era o verbo... As estrelas são as palavras de Deus.
4. **Stellae manentes in ordine suo.** O orador cita o Canto de Débora em Juízes 5/20. "Desde os céus pelejavam as estrelas contra Sísera, desde a sua órbita o fizeram."
5. **... não é ordem que faça lavor.** Lavor = Trabalho.
6. **– Em xadrez de palavras.** Vieira condena o estilo excessivamente culto em que o orador exibe sua intelectualidade aos ouvintes.
7. **...** o rústico e o mareante...entendem as estrelas. Para Aristóteles, o estilo sempre deve ser claro, sem perder contudo sua altivez.

IV

Sim, Padre; porém esse estilo de pregar não é pregar culto. Mas fosse! Este desventurado estilo que hoje se usa, os que o querem honrar chamam-lhe culto, os que o condenam chamam-lhe escuro, mas ainda lhe fazem muita honra. O estilo culto não é escuro, é negro, e negro boçal e muito cerrado. É possível que somos portugueses e havemos de ouvir um pregador em português e não havemos de entender o que diz?![1] Assim como há Lexicon para o grego e Calepino[2] para o latim, assim é necessário haver um vocabulário do púlpito. Eu ao menos o tomara para os nomes próprios, porque os cultos têm desbatizados[3] os santos, e cada autor que alegam é um enigma. Assim o disse o Ceptro Penitente, assim o disse o Evangelista Apeles, assim o disse a Águia de África, o Favo de Claraval, a Púrpura de Belém, a Boca de Ouro. Há tal modo de alegar! O Ceptro Penitente dizem que é David, como se todos os ceptros não foram penitência; o Evangelista Apeles, que é S. Lucas; o Favo de Claraval, S. Bernardo; a Águia de África, Santo Agostinho;

a Púrpura de Belém, S. Jerónimo; a Boca de Ouro, S. Crisóstomo[4]. E quem quitaria ao outro cuidar que a Púrpura de Belém é Herodes que a Águia de África é Cipião, e que a Boca de Ouro é Midas?[5] Se houvesse um advogado que alegasse assim a Bártolo e Baldo[6], havíeis de fiar dele o vosso pleito? Se houvesse um homem que assim falasse na conversação, não o havíeis de ter por néscio? Pois o que na conversação seria necessidade, como há-de ser discrição no púlpito?[7]

1. **... havemos de ouvir um pregador em Português, e não havemos de entender o que diz?** Atualíssimo. Às vezes, o emissor usa da língua sofisticada ou para deixar que se infira que só ele conhece o assunto ou para não deixar outros perceberem que nada sabe. Leia-se hoje a mensagem de alguns economistas ou alguns advogados.
2. **– Calepino.** Assim como se fala hoje consultar o "Aurélio" (dicionário), dizia-se também consultar "Calepino" (dicionário de Latim), uma referência ao monge italiano Ambrogio Dei Conti di Callepio (1440 - 1510), autor de um dicionário de Latim e Italiano.
3. **... os cultos têm desbatizados os Santos.** No passado o verbo no particípio passado (desbatizados) podia concordar com seu objeto direto (Santos). Hoje, corretamente, assim: os cultos têm desbatizado os Santos. Os cultos desbatizam os Santos porque lhes põem outros nomes, sem perceberem que caem no ridículo.
4. **–** Seguem as antonomásias ou cognomes dados aos Santos pelos oradores tidos como cultos. Vieira deixa aflorar o ridículo.

- **Ceptro penitente** – David – Sendo Rei arrependeu-se de mandar Urias à guerra para morrer e poder assim ficar com sua mulher.
- **Evangelista Apeles** – São Lucas – Ganhou o nome do pintor grego Apeles, porque a tradição diz ter pintado Nossa Senhora.
- **A Águia da África** – Santo Agostinho – Águia pela rapidez intelectual. África porque nasceu onde hoje é a Argélia.
- **O Favo de Claraval** – São Bernardo – Favo pela suavidade e Claraval pelo mosteiro de que era abade.
- **A Púrpura de Belém** – São Jerônimo – Em Belém foi monge e sua representação sempre com púrpura de Cardeal.

- **A Boca de Ouro** – S. João Crisóstomo – Origem do nome Criso (ouro) + stoma (boca).
5. **E quem quitaria ao outro cuidar que a Púrpura de Belém é Herodes; que a Águia de África é Cipião; e que a Boca de ouro é Midas?** Vieira mostra o ridículo daqueles cognomes. Quem evitaria ao outro cuidar que a Púrpura de Belém é Herodes, já que foi rei da Judeia? A Águia de África poderia ser Cipião pelas guerras bárbaras que chefiou na África, em nome do Império Romano. A Boca de Ouro poderia ser o Rei Midas que transformava em ouro tudo que tocava inclusive os alimentos. Enfim, nome de Santo desbatizado pode virar nome de bárbaro.
6. **Bártolo e Baldo.** (Século XIV) Importantes juristas italianos. Questiona o orador: você confiaria em um advogado que assim conversasse com célebres juristas italianos?
7. **Como há de ser discrição no púlpito?** Se para conversar, devemos ser claros como não é possível ser também claros no púlpito?

V

Boa me parecia também esta razão; mas como os cultos pelo polido e estudado se defendem com o grande Nazianzeno, com Ambrósio, com Crisólogo, com Leão, e pelo escuro e duro com Clemente Alexandrino, com Tertuliano, com Basílio de Selêucia, com Zeno Veronense e outros, não podemos negar a reverência a tamanhos autores posto que desejáramos nos que se prezam de beber destes rios, a sua profundidade[1]. Qual será logo a causa de nossa queixa?[2]

1. **Nova Citação**, agora dos pregadores ilustres e tradicionais que, embora tradicionais, conseguiram divulgar a palavra de Deus.
   - **Nazianzeno** – São Gregório – Teólogo ilustre – Defensor da fé cristã (329 – 389) - Doutor da Igreja. Combateu o arianismo e o apolinarismo.
   - **Ambrósio** – Arcebispo de Milão (340-397) Impôs penitência pública ao Imperador Teodósio. Reformou o canto litúrgico. Fez valer o credo de Niceia no ocidente.
   - **Crisólogo** – Bispo de Ravena. Combateu o paganismo, Doutor de Igreja 1729.

- **Leão** – Papa Leão I ou São Leão Magno. Papa de 440 – 461, Doutor da Igreja.
- **Clemente Alexandrino** – Doutor da Igreja – Foi um dos apologistas mais notáveis (160-220?). Procurou harmonizar a filosofia platônica e a doutrina da revelação cristã.
- **Tertuliano** – Doutor da Igreja, nasceu em Catargo (155-220).
- **Basílio de Selêucia** – Bispo de Cesareia, autor Epístolas (329-379) sobre doutrina.
- **Zeno Veronense** – Santo da Igreja Católica. Bispo de Verona.

2. **Qual será logo a causa de nossa queixa?** No capítulo IV, o orador excluiu a pessoa de culpa; excluiu, neste capítulo, o estilo. Embora alguns tenham estilo afetado, entre eles há quem deixou muito fruto ao pregar a palavra de Deus.

Comentários ao Quinto Capítulo

"Será porventura o estilo que hoje se usa nos púlpitos?" O Orador vai cuidar agora do estilo do pregador. Até o final do capítulo vai apresentar crítica violenta ao estilo culto, dito cultismo. O estilo de Vieira é o conceptismo. Cultismo e Conceptismo dominavam a Literatura Barroca. O Conceptismo de Vieira joga com conceitos, faz do período enigmas e malabarismos, traz ao texto a elegância das sutilezas, usa o silogismo aristotélico: lança a premissa maior e procura comprovar sua veracidade; trabalha com a premissa menor e chega à sua tese. O que Vieira não quer é o Cultismo. Os dominicanos eram os pregadores do estilo culto. Contra este estilo dominicano combate Vieira. Cultismo: culto exagerado da forma (o texto vale pela sua beleza formal, independente da ideia que revela); rebuscamento literário (criar um bom trocadilho já seria a glória literária); riqueza vocabular (o emprego de palavras comuns seria sinônimo de pobreza literária); escassez temática (em nome da beleza do texto); abuso das figuras de linguagem (em especial, antítese, hipérbole, metáfora, hipérbato). Para Vieira o cultismo é um estilo muito empeçado, emaranhado, confuso, difícil de entender. Vieira defende que o estilo deva ser fácil e natural. Vai ao Evangelho para provar que está com a verdade. Semear é uma arte natural. Pouco tem a ver com as outras artes. Difere, pois, da música, da arquitetura, da aritmética, da geometria. O semeador, ao lançar a semente, não executa sua tarefa por compasso, por regra, por conta, por medida. Predomina no ato de semear a espontaneidade. Assim deve ser o sermão.

O Estilo cultista é violento e tirânico. As palavras parecem transportadas em carroças – estáticas e arrastadas. Vêm esticadas e tensas, torcidas e despedaçadas. O Sermão eficaz há de cair com queda, com cadência e com caso. Leveza e elevação no ato de pregar. Queda, cadência e caso; sem compasso, sem regra, sem conta, sem medida. O semeador do Evangelho, ao jogar a semente, não calcula ou estuda a ação. Tanto é verdade que três sementes das quatro caíram em lugar impróprio para nascer. O importante é a queda, a cadência e o caso – queda eventual – sem regras.

O salmo de David já dissera que o céu é o maior pregador do mundo. O orador personifica o céu... e, por meio de alegoria, vai demonstrar a razão por que o céu ganha o título de maior pregador. O pregador da terra semeia trigo; o pregador do céu semeia estrelas. O trigo é a palavra do semeador; a estrela é a palavra do céu. "O pregar há de ser como quem semeia, e não como quem ladrilha ou azuleja". Quem ladrilha ou azuleja é o cultismo. "Não fez Deus o céu em xadrez de estrelas como os pregadores fazem o sermão em xadrez de palavras". O cultismo faz o sermão em xadrez de palavras, porque fala por compasso, por regra, por medida. "Se de uma parte dizem luz, da outra hão de dizer sombra". É o uso exagerado da figura de antítese, própria da época barroca e, em especial, do cultismo. Todos entendem as estrelas porque são claras. Não há estrela escura em antítese à estrela clara. Por isso todos entendem as estrelas. O lavrador lê nas estrelas os melhores dias para o plantio e colheita; o piloto navega nos mares, lendo as estrelas; os cientistas procuram desvendar, nas estrelas, o mistério do universo. O lavrador e o piloto têm menos conhecimento que o matemático, mas sabem ler as estrelas. E o cientista que já leu tudo quantos escreveram, não consegue ver nelas o mistério do universo. Assim é o sermão: "estrelas que todos veem e muito poucos as medem".

"É possível que somos portugueses e havemos de ouvir um pregador em português e não havemos de entender o que diz?" Permita-nos uma interpretação extensiva:

É possível que somos brasileiros e havemos de ouvir um economista, em português, e não havemos de entender o que diz? É possível que somos advogados e havemos de ler uma sentença do Superior Tribunal, em português, e não havemos de entender o que diz? É preciso, diz o orador, inventar um dicionário do púlpito, um dicionário dos economistas, um dicionário dos juízes, um dicionário dos médicos... Os cultistas desbatizam os Santos, ou seja, dão-lhes outros nomes. Contudo, o autor ainda não encontrou a causa de fazer tão pouco a palavra de Deus no mundo. Existiram pregadores cultistas, no passado, que, embora com o estilo obscuro que aponta, conseguiram bons frutos: Nazianzeno, Ambrósio, Crisólogo, Leão, Clemente Alexandrino, Tertuliano, Basílio de Selêucia, Zeno Veronense. Já sabemos que o pregador é o culpado, já que os ouvintes e Deus foram excluídos. Mas qual pregador? A pessoa do pregador não é a causa. O estilo do pregador não é causa. Vamos procurar a causa. No Capítulo VI o autor investiga a matéria que tomam os pregadores.

A Título de Intertextualidade

Padre Antônio Vieira:

"Será porventura o estilo que hoje se usa nos púlpitos... Não fez Deus o céu em xadrez de estrelas, como os pregadores fazem o sermão em xadrez de palavras. Se de uma parte há de estar branco, da outra há de estar negro; se de uma parte dizem luz, da outra hão de dizer sombra; se de uma parte dizem desceu, da outra hão de dizer subiu. Basta que não havemos de ver num Sermão duas palavras em paz? Todas hão de estar sempre em fronteira com o seu contrário?".

Padre Manuel Bernardes:

Tudo Passa

Quanto verdade é que a figura deste mundo sempre está passando, e nós com ela! Dos sábios e justos diz Isaías que veem a Terra de longe. Ora vem cá, alma minha. Faze por ser sábio, toma as asas da contemplação e suspende-te nelas e olha de longe para esta bola de terra, e verás como a sua figura está passando. Que é o que vês? Mares, rios, árvores, montes, vales, campinas, desertos, povoados... e tudo passando; os mares em contínuas crescentes e minguantes; os rios sempre correndo; as árvores sempre remudando-se, ora secas, ora floridas; ora murchas; os montes já foram vales, e os vales já foram montes ou campinas; os desertos já foram povoados e os povoados agora, já foram desertos. Mas olha em especial para os povoados, porque o mundo são os homens. Tudo está fervendo em movimentos que acabam e começam; uns a sair dos seios das mães, outros a entrar nos ventres das sepultas; aqueles cantam, dali a pouco choram; estoutros choram, dali a pouco cantam; aqui se está enfeitando um vivo, parede-meia estão amortalhando defunto; aqui contratam, acolá distratam; aqui conversam, acolá brigam; aqui estão à mesa rindo e fartando-se, acolá estão no leito gemendo o que riram e sangrando-se do que comeram... Lá vai um coche com os pés sobre tela e veludo, atrás das rodas vai um pobre, nu e descalço. E que turbamulta é aquela que vai cobrindo os campos de armas e carruagens? É um exército, que vai a uma de duas cousas: ou a morrer ou a matar. E sobre quê? Sobre que dois palmos de terra são de cá, e não de lá... E que árvores são aquelas que vão voando pelas ondas com asas de pano? São navios, que vão buscar muito longe cousas que piquem a língua, cousas que alegrem os olhos, isto é: espécies, sedas, ouro. Olhai o tráfego! Tudo ferve, tudo se muda por instantes. Se divertires os olhos, dali a nada tudo achareis virado: o rico já é pobre, o mecânico já é fidalgo, o moço já é velho, o são já é enfermo, e o homem já é cinzas. Já são outras as cidades, outras as ruas, outra linguagem, outros trajes, outras leis, outros homens... Tudo passa!

Prática de Dominga da Sexagésima.

Bernardes é contemporâneo de Vieira. Viveu entre 1644 – 1710. Vieira critica o estilo que "hoje", no tempo dele se usa nos púlpitos. Estilo em que predominam as antíteses... branco/ negro; luz/ sombra; desceu/subiu. Observe que, no texto de Bernardes, tudo se anuncia por oposição. Todas hão de estar sempre em fronteira com o seu contrário: Os mares em contínua crescentes e minguantes; as árvores ora secas; ora floridas; ora murchas; montes e vales; desertos e povoados; sair dos seios das mães, entrar no ventre das sepulturas; cantam, choram; a morrer ou a matar; rico, pobre; mecânico, fidalgo; moço, velho; são, enfermo;...

Padre Bernardes nasceu em Lisboa (24/8/1644). Mestre de Filosofia e bacharel em Teologia e Cânones pela Universidade de Coimbra. Orador, poeta, pregador, filósofo. Viveu solitário no claustro, no Convento de Espírito Santo, em Lisboa. Pouco antes de morrer, em 1710, perdeu as faculdades mentais.

Antônio Feliciano de Castilho

(28/1/1800 – 18/6/1875) escritor do romantismo português, escreveu magnífico paralelo entre Padre Antônio Vieira – Conceptista e Padre Manuel Bernardes – Cultista

"É Vieira sem contradição mestre guapíssimo de nossa língua, e o mesmo Bernardes assim o conceituava; que, porém, a si o propusesse como exemplar, nem o indica, nem consta, nem se pode com indução plausível suspeitar; eram ambos engenhosos no discorrer, puros e esmerados no exprimir; — eis aí a sua única semelhança; — no demais pareciam-se como entre si se podem parecer duas árvores de espécies diversíssimas.

Lendo-os com atenção, sente-se que Vieira, ainda falando do céu, tinha os olhos nos seus ouvintes; Bernardes, ainda falando das criaturas, estava absorto no Criador. Vieira vivia para fora, para a cidade, para a corte, para o mundo, e Bernardes para a cela, para si, para o seu coração. Vieira estudava graças a louçainhas de estilo; achava-as, é verdade, tinha boa mão no afeiçoá-las e uma graça no vesti-las como poucos; Bernardes era como estas formosas de seu natural que se não cansam com alindamentos, a quem tudo fica bem; que brilham mais com uma flor apanhada ao acaso, do que outras com pedrarias de grande custo. Vieira fazia a eloquência; a poesia procurava a Bernardes. Em Vieira morava o gênio; em Bernardes o amor, que, em sendo verdadeiro, é também gênio. Vieira sacrificava tudo à sua necessidade suprema, ao empenho de ser original e único; sacrificava-lhe a verdade, sacrificava-lhe a verossimilhança; sacrificava-lhe até a possibilidade; não hesitava em propor o princípio mais absurdo, como fosse ou parecesse novo, e como para lá não achava caminho pela lógica, fabricava-o com pontes sobre pontes, através de um oceano de sofismas, de argúcias, de puerilidades, de indecências, de quase heresias, e, contente de lá chegar por entre os aplausos, não se detinha a refletir se não tinha sido aquilo um grandíssimo abuso da grande alma que Deus lhe dera, uma dúplice vaidade aos olhos da religião e da filosofia, um exemplo ruim, mais perigoso pelo agigantado de quem o dava. Bernardes não tomava tese que da consciência lhe não brotasse, e a desenvolvê-la aplicava todas as suas faculdades intelectuais, que eram muitas, e todas as faculdades morais que eram mais, tresdobradamente. Vieira zomba freqüentes vezes da nossa credulidade, podemos desconfiar da convicção de Vieira, ainda quando nos fala certo; Bernardes é um amigo cândido e liso, que, ainda quando nos ilude, não nos mente. Por tudo isso se admira Vieira: a Bernardes admira-se e ama-se.

Capítulo Sexto

Três Parágrafos

I

Será pela matéria ou matérias que tomam os pregadores?¹ Usa-se hoje o modo que chamam de apostilar² o Evangelho, em que tomam muitas matérias, levantam muitos assuntos e quem levanta muita caça e não segue nenhuma, não é muito que se recolha com as mãos vazias. Boa razão é também esta. O sermão há-de ter um só assunto e uma só matéria³. Por isso Cristo disse que o lavrador do Evangelho não semeara muitos gêneros de sementes, senão uma só: *Exiit, qui seminat, seminare semen*. Semeou uma semente só, e não muitas, porque o sermão há-de ter uma só matéria, e não muitas matérias. Se o lavrador semeara primeiro trigo, e sobre o trigo semeara centeio, e sobre o centeio semeara milho grosso e miúdo, e sobre o milho semeara cevada, que havia de nascer? Uma mata brava, uma confusão verde. Eis aqui o que acontece aos sermões deste gênero. Como semeiam tanta variedade, não podem colher coisa certa. Quem semeia misturas, mal pode colher trigo. Se uma nau fizesse um bordo para o Norte⁴, outro para o sul, outro para leste, outro para oeste, como poderia fazer viagem? Por isso nos púlpitos se trabalha tanto e se navega tão pouco. Um assunto vai para um vento, outro assunto vai para outro vento; que se há-de colher senão vento?⁵ O Baptista convertia muitos em Judeia; mas quantas matérias tomava? Uma só matéria: *Parate viam Domini*⁶: a preparação para o Reino de Cristo. Jonas converteu os Ninivitas; mas quantos assuntos tomou? Um só assunto: *Adhuc quadraginta dies, et Ninive subvertetur*⁷: a subversão da cidade. De maneira que Jonas em quarenta dias pregou um só assunto; e nós queremos pregar quarenta assuntos em uma hora? Por isso não pregamos nenhum. O sermão há-de ser de uma só cor, há-de ter um só objeto, um só assunto, uma só matéria.⁸

1. **Será pela matéria... que tomam os pregadores.** O orador já falou da pessoa e do estilo; agora dedica-se a estudar a matéria ou o tema do Sermão que tomam os pregadores. Matéria, tema, assunto.

2. **...que chamam de apostilar.** Apostila, do latim *postilha* (após aquelas coisas). Aditamento ou correção marginal ao texto. Notas suplementares ao texto. Crítica que o orador faz a quem apostila o Evangelho. Depois de apostilado, sobra uma montanha de textos. O que, segundo Vieira, prejudica o entendimento e a explicação. "Uma coisa é expor e outra pregar; uma ensina e a outra persuade".
3. **O Sermão há de ter um só assunto e uma só matéria.** Uma lição útil a quem ensina ou advoga. Seu texto ou fala devem girar em torno de um só assunto ou matéria. Só deve existir um só tema. Este princípio não era estranho ao dominicano medieval Thomas Waleys.
4. **Se uma nau fizesse um bordo para o Norte...** Fazer um bordo... manobrar a embarcação à vela de modo que receba o vento pelo bordo contrário.
5. **Observe o ritmo:**

$Um_1|\ As_2|Sun_3|to_4|vai_5|pa_6|ra_7\ um|ven_8|to_x$
$Que_1|se_2\ há|de_3|co_4|lher_5|se_6|não_7|ven_8|to_x$

6. **Parate viam Domini.** Preparai o caminho do Senhor. Marcos 1/3.
7. **Adhuc quadraginta dies, et Ninive subvertetur.** Daqui a quarenta dias Nínive será destruída. Jonas 3/4.
8. **O Sermão há de ser uma só cor, há de ter um objeto, um só assunto, uma só matéria.** Sermão que tem uma só matéria persuade e convence muito mais. É o que vai desenvolver no próximo parágrafo.

II

Há-de tomar o pregador uma só matéria[1]; há-de defini-la, para que se conheça[2]; há-de dividi-la, para que se distinga[3]; há-de prová-la com a Escritura[4]; há-de declará-la com a razão;[5] há-de confirmá-la com o exemplo[6]; há-de amplificá-la com as causas, com os efeitos, com as circunstâncias, com as conveniências que se hão-de seguir, com os inconvenientes que se devem evitar[7]; há-de responder às dúvidas, há-de satisfazer às dificuldades[8]; há-de impugnar e refutar com toda a força da eloquência os argumentos contrários[9]; e depois disto há-de colher, há-de apertar, há-de concluir, há-de persuadir, há-de acabar[10]. Isto é sermão, isto é pregar; e o que não é isto, é falar de mais alto. Não nego nem quero dizer que o sermão não haja de ter variedade de discursos, mas esses hão-de nascer todos da mesma matéria e continuar e acabar nela. Quereis ver tudo isto com os olhos? Ora vede. Uma árvore tem raízes, tem tronco, tem ramos, tem folhas, tem varas, tem flores, tem frutos. Assim há-de ser o sermão: há-de ter raízes fortes e sólidas, porque há-de ser fundado no Evangelho; há-de ter um tronco, porque há-de ter um só assunto e tratar uma só matéria; deste tronco hão-de nascer diversos ramos, que são diversos discursos, mas nascidos da mesma matéria e continuados nela; estes ramos hão-de ser secos, senão cobertos de folhas, porque os discursos hão-de ser vestidos e ornados de palavras. Há-de ter esta árvore varas, que são a repreensão dos vícios; há-de ter flores, que são as sentenças; e por remate de tudo, há-de ter frutos, que é o fruto e o fim a que se há-de ordenar o sermão. De maneira que há-de haver frutos, há-de haver flores, há-de haver varas, há-de haver folhas, há-de haver ramos; mas tudo nascido e fundado em um só tronco, que é uma só matéria. Se tudo são troncos, não é sermão, é madeira. Se tudo são ramos, não é sermão, são maravalhas[11]. Se tudo são folhas, não é sermão, são verças[12]. Se tudo são varas, não é sermão, é feixe. Se tudo são flores, não é sermão, é ramalhete. Serem tudo frutos, não pode ser; porque não há frutos sem árvore. Assim que nesta árvore, à que podemos chamar Árvore da Vida, há-de haver o proveitoso do fruto, o formoso das flores, o rigoroso das varas, o vestido das folhas, o estendido dos ramos; mas tudo isto nascido e formado de um só tronco e esse não levantado no ar, senão fundado nas raízes do Evangelho: Seminare semen. Eis aqui como hão-de ser os sermões[13], eis aqui como não são[14]. E assim não é muito que se não faça fruto com eles.

1. **Há de tomar o pregador uma só matéria.** Umberto Eco, no livro "Como se faz uma Tese", já no século XX, tem o mesmo entendimento de Vieira. Declara o famoso escritor italiano que os estudantes são levados, quase sempre, a fazer uma tese que fale muitas coisas. Difícil, pois, de ser suficiente e eficientemente preenchida. Arremata o Autor italiano: "Quanto mais se restringe o campo, melhor e com mais segurança se trabalha".
2. **Há de defini-la, para que se conheça.** De pronto, o orador deve anunciar a que veio. Quando, no início anuncia-se o tema, é mais fácil para o ouvinte ou leitor entender o que se diz.

3. **Há de dividi-la, para que se distinga.** Dividir não significa buscar outros temas. Divide-se um só tema em várias partes de que se compõe para melhor explorá-lo e anunciá-lo.
4. **Há de prová-la com a Escritura.** O religioso prova com a Bíblia. O advogado, com o Código. O doutrinador, com os livros que julgar convenientes.
5. **Há de declará-la com a razão.** Um argumento prova-se e demonstra-se com a razão. Geralmente, nos Tribunais, quando se esgotam os argumentos da razão, buscam-se os argumentos de emoção. "Da condenação do réu resultam cinco filhos abandonados e famintos".
6. **Há de confirmá-la com exemplo.** As parábolas de Cristo são exemplos. É mais fácil entender quando se vivencia.
7. **Há de amplificá-la com as causas, com os efeitos, com as circunstâncias, que se hão de seguir, com os inconvenientes, que se devem evitar.** São as formulações hipóteses, de verdades possíveis, sem nunca abandonar o tema.
8. **Há de responder às dúvidas, há de satisfazer às dificuldades.** O ouvinte deve, no final do sermão, ver respondidas todas as dúvidas. Também um texto deve responder as dúvidas eventuais do leitor.
9. **Há de impugnar e refutar com toda a força da eloquência os argumentos contrários.** Todo ataque deve ser repelido. O orador ou o escritor imagina as possíveis argumentações contra sua tese e rebate uma por uma.
10. **e depois disto há de colher, há de apertar, há de concluir, há de persuadir, há de acabar.** Colher o que plantou: a salvação das almas ou a absolvição do réu etc. Apertar a fala sem que haja contestação.
    - Concluir – Dar a palavra final.
    - Persuadir – convencer quem ouve ou lê. Acabar sem deixar qualquer idéia solta.
11. **Maravalhas** - substantivo feminino – lascas, cavacos, gravetos.
12. **Verças** – substantivo feminino – porção de couve; no texto monte de folhas abandonadas.

13. Como hão de ser os Sermões.
- Árvores – raízes fortes e sólidas fundadas no Evangelho.
- Tronco – um só tema.
- Ramos – diversos assuntos.
- Folhas – Vestidos e ornados de palavras.
- Varas – repreensão dos vícios.
- Flores – sentenças.
- Frutos – o fim a que se há de ordenar.

14. Como não hão de ser os Sermões.
- Tudo são troncos – madeira;
- Tudo são ramos – maravalhas;
- Tudo são folhas – verças;
- Tudo são varas – feixe;
- Tudo são flores – ramalhete.

III

Tudo o que tenho dito pudera demonstrar largamente, não só com os preceitos dos Aristóteles, dos Túlios, dos Quintilianos[1], mas com a prática observada do príncipe dos oradores evangélicos, S. João Crisóstomo, de S. Basílio Magno, S. Bernardo, S. Cipriano, e com as famosíssimas orações de S. Gregório Nazianzeno, mestre de ambas as Igrejas[2]. E posto que nestes mesmos Padres, como em Santo Agostinho, S. Gregório e muitos outros, se acham os Evangelhos apostilados com nomes de sermão e homilias, uma coisa é expor, e outra pregar; uma ensinar e outra persuadir, desta última é que eu falo, com a qual tanto fruto fizeram no mundo Santo António de Pádua e S. Vicente Ferrer[3]. Mas nem por isso entendo que seja ainda esta a verdadeira causa que busco[4].

1. **preceitos dos Aristóteles, dos Túlios, dos Quintilianos.** Metáfora. Tal qual falaríamos hoje: os Alencares, os Barbosas, os Machados de Assis. Aristóteles, Marco Túlio, Cícero e Marco Fábio Quintiliano são exemplos clássicos da Oratória e Retórica.
2. **mestre de ambas as Igrejas.** São Gregório Nazianzeno foi mestre da Igreja Grega e da Latina.

3. **São Vicente Ferrer.** "Anjo do Apocalipse" – nasceu em 1350 em Valência – Espanha. Ordenou-se Sarcedote em 1374.
4. **nem por isso entendo que seja ainda esta a verdadeira causa que busco.** O orador busca a causa de fazer pouco fruto a palavra de Deus no mundo. Depois de ter excluído como culpados Deus e o ouvinte, concentra-se na análise do pregador, orador, professor, advogado, pais (análise por extensão). Dissertou sobre a pessoa que fala, sobre o estilo que lhe caracteriza e sobre a matéria ou tema que desenvolve. Vai agora analisar a ciência e depois a voz em busca da verdadeira causa.

Comentários ao Sexto Capítulo

"Será pela matéria ou matérias que tomam os pregadores?" Questiona Vieira, logo no início do Sexto Capítulo. A matéria é o assunto que se desenvolve ao longo do sermão, por exemplo, vaidade, salvação, justiça, missão, conversão, etc. O orador, de início, já nos ensina que a matéria há de ser singular, única, específica. E fala por metáfora. Quem vai à caça e segue várias presas é certo que volta de mãos vazias, tal qual o provérbio brasileiro: quem muito quer nada tem. O orador volta ao Evangelho. O semeador bíblico não semeou vários gêneros de semente, senão um gênero só. Então, o Sermão deve ter um só assunto, uma só matéria. Em um mesmo terreno em que se lançam sementes de trigo, de centeio, de milho grosso, de milho miúdo e de cevada, dele há de nascer uma mata brava e confusa. O terreno são os ouvintes. As sementes é a palavra. Palavras que versam sobre mesmo assunto e matéria, lançadas sobre os ouvintes produzem resultados excelentes no campo da comunicação. Mais uma metáfora. Se uma nau fosse manobrada de modo que receba o vento pelo bordo contrário, com a intenção de dirigir-se ao Norte e depois para o Sul e depois para o Leste e depois para o Oeste, não iria a lugar algum. Quem não sabe para onde vai nunca tem o vento favorável. Batista era eficaz pregador. Pregava uma só matéria: - "Preparai o caminho do Senhor". Jonas converteu os Ninivitas, pregando uma só matéria: "Daqui a quarenta dias Nínive será destruída". O Advogado quando no exercício da profissão, o professor quando ensina em uma palestra, o pregador quando deseja convencer quem o ouve, devem imitar Batista e Jonas. O conteúdo do que falam, deve ter uma só cor, um só objeto, um só assunto, uma só matéria. No Segundo Parágrafo, uma grande lição aos pregadores, aos advogados, aos professores, aos palestrantes... a todos os profissionais que usem da palavra como instrumento de trabalho. O orador lança dez regras para todos esses profissionais. Vamos a elas:

1. "Há de tomar o pregador uma só matéria;"
   Ao defender uma tese, o estudante deve tomar uma só matéria. O pa-

lestrante comunica melhor quando ensina ou informa uma só matéria. Na defesa de seu cliente, o advogado é mais feliz se desenvolve uma só tese. O professor, em cada aula, é muito mais feliz, no propósito de ensinar, quando desenvolve um só assunto. O pregador é muito mais eficaz, no propósito de convencer, quando, como o próprio Vieira, fala de uma só matéria: "Bom Ladrão", "Bom sucesso das armas de Portugal contra as de Holanda", "Bons Anos", "Degolação de São João Batista", "As cinco Pedras da Funda de Davi", "Lágrimas de Heráclito", "Exéquias do Sereníssimo Infante de Portugal D. Duarte"...etc.

2. "há de defini-la, para que se conheça;"
A matéria deve ser declarada já no início. O ouvinte deve saber, de pronto, a que veio o orador. O aluno... o que lhe vai ensinar hoje o professor. O juiz... o que pretende do Tribunal o advogado. O empresário... o que quer lhe demonstrar o Engenheiro com aquele relatório.

3. "há de dividi-la para que se distinga;"
Dividir não é o anunciar outro tema. Divide-se um só tema em várias partes para ser melhor desenvolvido e explorado. Se o tema é "A descriminação do uso de drogas", deve-se dividir em partes para melhor explorar os assuntos e chegar insofismavelmente à tese. Nada deve ser escrito ou dito que não faça parte da matéria. É o princípio da unidade. No livro "Dom Casmurro", Machado de Assis lança seu tema: "A visão pessimista da vida e do casamento". Não existe um só Capítulo ou mesmo um só período que fujam ao tema que o escritor quer defender. O romance é um conjunto de retas – todas dirigidas ao centro, que é o tema. Um filme de arte é aquele em que todas as cenas convergem ao tema que se quer demonstrar.

4. "há de prová-la com a Escritura;"
Buscam-se nos livros elementos para se comprovar o que se diz. Deve-se citar a Bíblia ou o Código ou filósofo ou o jurista ou o pensador. O conferencista que cita Einstein, por exemplo, deve ser melhor entendido porque o nome e livro citados têm autoridade para convencer.

5. "há de declará-la com a razão;"
A razão é o guia infalível da humanidade. A razão é ágil, flexível, luz do mundo, e pressuposto de todo conhecimento. Só a razão conven-

ce. A emoção pode sensibilizar, criar empatia. Mas só a razão leva ao convencimento.

6. "há de confirmá-lo com o exemplo;"
Neste mesmo Sermão, há exemplos. O exemplo de Batista e Jonas. O exemplo do semeador. O tema é a "descriminação das drogas", dê, então, o exemplo europeu da Inglaterra, Holanda e Portugal. Bons exemplos convencem.

7. "há de amplificá-lo com as causas, com os efeitos, com as circunstâncias, com as conveniências que hão de seguir, com os inconvenientes que se devem evitar;"
Por hipótese, o tema é a "descriminação das drogas". É preciso discutir as causas para poder descriminar. Estudam-se também os efeitos que advêm da descriminação. Analisam-se as circunstâncias do país ou da região em que se pretende descriminar. Quais as conveniências da descriminação? Quais as inconveniências? Compare-as. Defenda seu ponto de vista que é seu tema.

8. "há de responder às dúvidas, há de satisfazer às dificuldades;"
Os ouvintes devem sair do Sermão resolvidas suas dúvidas e dificuldades. Todo bom orador sabe, sem perguntar aos ouvintes, as dúvidas que ainda persistem até determinado momento da oratória. Quantas vezes, em sala de aula, o aluno, levantando a mão, quer ver solucionada uma dúvida. E o professor, sem lhe perguntar qual a dúvida, já resolve. O orador experiente conhece as dúvidas e dificuldades dos ouvintes. Por isso já as responde, sem lhes perguntar. Quem está seguro do assunto que prega, conhece as dúvidas e as dificuldades do eventual ouvinte inseguro da tese que ouve.

9. "há de impugnar e refutar com toda a força da eloquência os argumentos contrários."
Os argumentos contrários que o orador já conhece, devem ser refutados um a um. Suponha a tese "A descriminação do uso de drogas". Em determinado momento de sua elocução, o orador deve impugnar, com veemência e eloquência, um por um, os argumentos de quem é favorável à incriminação. Eventuais argumentos contrários: A descriminação aumenta o consumo; a descriminação favorece o tráfico; é preferível

um viciado preso a um viciado livre; a descriminação favorece o consumo na escola e no trabalho; o viciado não é doente, é libertino...

O orador que domina o assunto que prega conhece todos os argumentos contrários.

10. "e depois disto há de colher, há de apertar, há de concluir, há de persuadir, há de acabar".

Finalmente, a missão cumprida. Colhe-se o que se plantou, tal qual o semeador do evangelho. O pregador colhe quando vê a alma convertida para o bom e para o belo. O advogado colhe quando vê o acusado absolvido. O professor colhe quando vê seu aluno enriquecido pelo assunto que professa. O legislador colhe quando vê seu projeto de lei aprovado... Há de apertar os argumentos sem que haja contestação. Os ouvintes não têm outra atitude, senão concordar com a matéria apresentada. Há de concluir, dar a palavra final, certo de ter convencido a quem ouve o orador. Há de persuadir, convencer, sem deixar qualquer idéia solta ou conceito que deva ainda ser explicado. Há de acabar, esgotar o assunto, fechar o entendimento, concluir.

Vamos resumir as dez regras oferecidas aos pregadores, advogados, professores, palestrantes... a todos os profissionais que usem da palavra como instrumento de trabalho:

1. Uma só matéria
2. Defini-la
3. Dividi-la
4. Prová-la com livros
5. Declará-la racionalmente
6. Confirmá-la com exemplo
7. Amplificá-la
8. Responder às dúvidas
9. Refutar argumentos contrários
10. Concluir.

Uma metáfora: O Sermão é uma árvore. Esta metáfora desdobra-se em quatro alegorias.

Primeira Alegoria. Uma árvore tem raízes fortes e sólidas; tem tronco e um só tronco, porque há de haver uma e só uma matéria; do tronco nascem diversos ramos, que são diversos discursos, mas nascidos da mesma matéria, já que os ramos brotam do mesmo tronco; dos ramos brotam folhas porque os ramos devem vir vestidos e ornados de palavras. Esta árvore tem varas, flores e frutos. As varas repreendem os vícios; as flores são as sentenças e a mensagem do discurso; o fruto é a razão última do discurso: convencer quem ouve.

Segunda Alegoria. O Sermão é uma árvore. Agora em sentido contrário, do alto para baixo. Tem frutos, tem flores, tem varas, tem folhas, tem ramos, mas (observe a árvore) tudo nascido e fundado em um só tronco. O tronco é a matéria.

Terceira Alegoria. O Sermão é uma árvore, com todas as partes que a conhecemos: tronco, ramos, folhas, varas, flores e frutos. Se houver apenas ramos são gravetos; apenas folhas é monte de vegetal abandonado; apenas varas é feixe; apenas flores é ramalhete; apenas frutos – impossível – não existem frutos sem árvore.

Quarta Alegoria. O Sermão é uma árvore. Um só tronco. Assim como o tronco se firma nas raízes, o Sermão se apoia no Evangelho. O tronco desta árvore, firmada pelas raízes, sustenta o estendido dos ramos, o vestido das folhas, o rigoroso das varas, o formoso das flores e o proveitoso do fruto.

Vieira encerra o Capítulo, informando o ouvinte de que tudo que dissera, encontra-se nos preceitos ensinados pela retórica clássica de Aristóteles, Marco Túlio, Fábio Quintiliano e outros. Também os pregadores evangélicos pregavam como ensinavam a retórica clássica. São Crisóstomo, São Basílio Magno, São Bernardo, São Cipriano foram príncipes dos oradores cristãos. Há uma ressalva. Estes oradores evangélicos expõem, não pregam; ensinam, não persuadem. Vieira não está diminuindo seus valores, tanto é que os invoca. Vieira quer o discurso que prega e convence como pregavam e convencionam Santo Antônio de Pádua e São Vicente Ferrer. Já sabemos que Deus e o ouvinte não são os culpados de fazer pouco fruto a palavra de Deus no mundo. O culpado é o pregador. O orador já excluiu a pessoa que fala, o estilo que lhe caracteriza e a matéria que desenvolve. Vai agora analisar a ciência que tem o pregador em busca da verdadeira causa.

A Título de Intertextualidade

Padre Antônio Vieira

"Há-de tomar o pregador uma só matéria; há-de defini-la, para que se conheça; há-de dividi-la, para que se distinga; há-de prová-la com a Escritura; há-de declará-la com a razão; há-de confirmá-la com o exemplo; há-de amplificá-la com as causas, com os efeitos, com as circunstâncias, com as conveniências que se hão-de seguir, com os inconvenientes que se devem evitar; há-de responder às dúvidas, há-de satisfazer às dificuldades; há-de impugnar e refutar com toda a força da eloquência os argumentos contrários; e depois disto há-de colher, há-de apertar, há-de concluir, há-de persuadir, há-de acabar. Isto é sermão, isto é pregar; e o que não é isto, é falar de mais alto."

Texto de Bertrand Russell, extraído de Princípios de Reconstrução Social.

"Os homens temem o pensamento mais do que qualquer outra coisa sobre a Terra - mais do que a ruína, mais do que a própria morte. O pensamento é subversivo, revolucionário, destrutivo e terrível; o pensamento é impiedoso com os privilégios, com as instituições estabelecidas e com os hábitos cômodos; o pensamento é anárquico e sem lei, indiferente à autoridade, displicente com a comprovada sabedoria dos séculos. O pensamento olha para as profundezas do inferno e não se amedronta. Vê o homem, frágil, ponto cercado de insondáveis abismos de silêncio, e ainda assim sustenta-se gloriosamente, tão impassível como se fosse o senhor do mundo. O pensamento é grandioso, ágil e livre, a luz do mundo e a principal glória do homem.

Mas se pretendemos que o pensamento se torne propriedade de muitos, e não privilégio de poucos, precisamos eliminar o medo. É o medo que detém os homens - medo de que suas crenças acalentadas se revelem desilusões, medo de que as instituições por que pautam suas vidas se revelem danosas, medo de que eles próprios se revelem menos dignos de respeito do que supunham ser. "Deve o trabalhador pensar livremente sobre a propriedade? Então o que será de nós, os ricos? Devem os homens pensar livremente sobre o sexo? Então, o que será da moralidade? Devem soldados pensar livremente sobre a guerra?

Então o que será da disciplina militar? Fora com os pensamentos! Voltemos à obscuridade do preconceito, para que a propriedade, moral e a guerra não fiquem em perigo! É melhor que os homem sejam parvos, preguiçosos e oprimidos, do que sejam livres seus pensamentos. Pois, se seus pensamentos fossem livres eles poderiam não pensar como nós. E essa desgraça deve ser evitada a qualquer preço". Assim argumentam os opositores do pensamento nas profundezas de suas almas e assim agem em suas igrejas, em suas escolas e em suas universidades."

Vieira fala da eficácia da comunicação. A mensagem do orador transita para o receptor, desde que se obedeça às dez regras que menciona: uma só matéria, definição da matéria, a divisão em partes, a prova, a argumentação racional, os exemplos, as circunstâncias... etc.

Assim, a oração proferida pode transformar o receptor e fazer dele um novo homem. O conhecimento da verdade o liberta. Bertrand Russell, no entanto, nos diz que homens temem o pensamento. Ou seja, o conhecimento da verdade perturba o receptor. As instituições estabelecidas e os hábitos cômodos rejeitam o pensamento, porque a verdade pode alterar as instituições e pode fazer cessar a comodidade que a ignorância possibilita. O pensamento não respeita as autoridades por isso estes a negam. A comprovada sabedoria dos séculos tem um inimigo: o pensamento. O pensamento olha para as profundezas do inferno e não se amedronta, porque sabe que o inferno não existe. O medo de pensar retém os homens. Existem crenças que acalentam os homens. O que seria destes mesmos homens, se, pensando, descobrissem, ilusões, as crenças que os acalentam? Devem os soldados pensar livremente sobre a guerra? Não; dizem seus superiores. Que soldado iria à guerra, depois de reunir-se com os colegas e debater a proposta do comando? Guerra e pensamento livre não se coadunam. O medo de pensar tem mão dupla. O homem tem medo de pensar, porque o pensamento livre pode tirar-lhe os hábitos cômodos; os privilegiados têm medo que o homem pense, porque o pensamento livre pode tirar-lhes o privilégio. Fora com o pensamento.

Para Padre Antônio Vieira, uma oração proferida nos termos que defende, liberta os homens. Para Bertrand Russell, a oratória pode libertar os homens das trevas. Mas estes têm medo de pensar e têm medo de que outros pensem livremente. Medo de pensar porque a verdade perturba. Medo de que outros pensem livremente, porque a verdade lhes tomaria o poder e o privilégio.

Capítulo Sétimo

Quatro Parágrafos

I

Será porventura a falta de ciência que há em muitos pregadores?[1] Muitos pregadores há que vivem do que não colheram e semeiam o que não trabalharam[2]. Depois da sentença de Adão, a terra não costuma dar fruto, senão a quem come o seu pão com o suor do seu rosto[3]. Boa razão parece também esta. O pregador há-de pregar o seu, e não o alheio. Por isso diz Cristo que semeou o lavrador do Evangelho o trigo seu: *Semen suum*. Semeou o seu, e não o alheio, porque o alheio e o furtado não é bom para semear, ainda que o furto seja de ciência. Comeu Eva o pomo da ciência[4], e queixava-me eu antigamente desta nossa mãe; já que comeu o pomo, por que lhe não guardou as pevides?[5] Não seria bem que chegasse a nós a árvore, já que nos chegaram os encargos dela? Pois por que não o fez assim Eva? Porque o pomo era furtado, e o alheio é bom para comer, mas não é bom para semear: é bom para comer, porque dizem que é saboroso; não é bom para semear, porque não nasce. Alguém terá experimentado que o alheio lhe nasce em casa, mas esteja certo, que se nasce, não há-de deitar raízes, e o que não tem raízes não pode dar fruto. Eis aqui por que muitos pregadores não fazem fruto; porque pregam o alheio, e não o seu: *Semen suum*. O pregar é entrar em batalha com os vícios; e armas alheias, ainda que sejam as de Aquiles, a ninguém deram vitória[6]. Quando David saiu a campo com o gigante, ofereceu-lhe Saul as suas armas, mas ele não as quis aceitar[7]. Com armas alheias ninguém pode vencer, ainda que seja David. As armas de Saul só servem a Saul, e as de David a David; e mais aproveita um cajado e uma funda própria, que a espada e a lança alheia. Pregador que peleja com as armas alheias, não hajais medo que derrube gigante.[8]

1. **Será por ventura a falta de ciência que há em muitos pregadores?**
   Levanta agora o orador a hipótese de que a falta de ciência pode ser a causa de fazer tão pouco fruto a palavra de Deus no mundo.

2. **Muitos pregadores há, que vivem do que não colheram, e semeiam o que não trabalharam.** Atualíssimo. Bata assistir hoje a alguns pregadores nos templos, nas rádios ou na televisão.
3. **como o seu pão com o suor do seu rosto.** "No suor do rosto comerás o teu pão..." Gênesis 3/19. Ocorre que, Segundo Vieira, há pregadores que comem o pão com o suor alheio.
4. **Comeu Eva o pomo da ciência.** "Vendo a mulher que a árvore era boa para se comer, agradável aos olhos e árvore desejável para dar entendimento, tomou-lhe do fruto e comeu e deu também ao marido, e ele comeu". Gênesis 3/6.
5. **porque lhe não guardou as pevides.** Pronome "lhe" proclítico ao próprio advérbio de negação. Construção clássica e elegante.
Pevide – Semente de frutos, no caso a semente da maçã.
6. **a ninguém deram vitória.** Referência a uma passagem da Iliáda. Pátroclo lutou com as armas de Aquiles, mas sem ele. Foi morto por Heitor. Cita o exemplo grego para reforçar a tese de que as armas alheias não dão vitória a qualquer herói.
7. **mas ele não as quis aceitar...** "então disse Davi a Saul: Não posso andar com isso, pois nunca usei. E Davi tirou aquilo de sobre si. Tomou o seu cajado na mão, e escolheu para si cinco pedras lisas do ribeiro, e as pôs no alforje..." Samuel – 17/39 e 40. Na passagem anterior, usam armas do herói Aquiles. Nada valeu. Nesta, o herói Davi usa sua própria arma (Cajado e pedra). Venceu o gigante.
8. **Não hajais medo que derrube gigante.** Quer seja: não é possível derrubar um gigante com armas alheias. Ou ainda: não vos preocupeis; com arma alheia ninguém derruba gigante.

II

Fez Cristo aos Apóstolos pescadores de homens, que foi ordená-los de pregadores; e que faziam os Apóstolos? Diz o texto que estavam: Reficientes retia sua[1]: Refazendo as redes suas; eram as redes dos Apóstolos, e não eram alheias. Notai: Retia sua: Não diz que eram suas porque as compraram, senão que eram suas porque as faziam; não eram suas porque lhes custaram o seu dinheiro, senão porque lhes custavam o seu trabalho[2]. Desta maneira eram as redes suas; e porque desta maneira eram suas, por isso eram redes de pescadores que haviam de pescar homens. Com redes alheias, ou feitas por mão alheia, podem-se pescar peixes, homens não se podem pescar. A razão disto é porque nesta pesca de entendimentos só quem sabe fazer a rede sabe fazer o lanço[3]. Como se faz uma rede? Do fio e do nó se compõe a malha; quem não enfia nem ata, como há-de fazer rede? E quem não sabe enfiar nem sabe atar, como há-de pescar homens? A rede tem chumbada que vai ao fundo, e tem cortiça que nada em cima da água. A pregação tem umas coisas de mais peso e de mais fundo, e tem outras mais superficiais e mais leves; e governar o leve e o pesado, só o sabe fazer quem faz a rede. Na boca de quem não faz a pregação, até o chumbo é cortiça. As razões não hão-de ser enxertadas, hão-de ser nascidas. O pregar não é recitar. As razões próprias nascem do entendimento, as alheias vão pegadas à memória, e os homens não se convencem pela memória, senão pelo entendimento.

1. **Reficientes retia sua.** Consertando as redes suas. Mateus 4/21.
2. **lhes custavam o seu trabalho.** O orador sabiamente faz a diferença entre um bem conquistado pelo dinheiro e o bem criado pelo próprio trabalho. Dinheiro não é, segundo ele, necessariamente o resultado do trabalho acumulado.
3. **só quem sabe fazer a rede, sabe fazer o lanço.** Lanço é o arremesso da rede para apanhar o peixe. Só quem sabe fazer a rede sabe pescar. Por metáfora. Só quem sabe pregar (de acordo com que agora ensina) sabe conduzir os homens à salvação.

III

Veio o Espírito Santo sobre os Apóstolos, e quando as línguas desciam do Céu, cuidava eu que se lhes haviam de pôr na boca; mas elas foram-se pôr na cabeça. Pois por que na cabeça e não na boca, que é o lugar da língua? Porque o que há-de dizer o pregador, não lhe há-de sair só da boca; há-lhe de sair pela boca, mas da cabeça. O que sai só da boca para nos ouvidos; o que nasce do juízo penetra e convence o entendimento. Ainda tem mais mistério estas línguas do Espírito Santo. Diz o texto que não se puseram todas as línguas sobre todos os Apóstolos, senão cada uma sobre cada um: *Appauerunt dispertitae* linguae tanquam ignis, seditque supra singulos eorum[1]. E por que cada uma sobre cada um, e não todas sobre todos? Porque não servem todas as línguas a todos, senão a cada um a sua. Uma língua só sobre Pedro, porque a língua de Pedro não serve a André; outra língua só sobre André, porque a língua de André não serve a Filipe; outra língua só sobre Filipe, porque a língua de Filipe não serve a Bartolomeu, e assim dos mais. E senão, vede-o no estilo de cada um dos Apóstolos, sobre que desceu o Espírito Santo. Só de cinco temos escrituras; mas a diferença com que escreveram, como sabem os doutos, é admirável. As penas todas eram tiradas das asas daquela pomba divina; mas o estilo tão diverso, tão particular e tão próprio de cada um[2], que bem mostra que era seu. Mateus fácil, João misterioso, Pedro grave, Jacob forte, Tadeu sublime, e todos com tal valentia no dizer, que cada palavra era um trovão, cada cláusula um raio e cada razão um triunfo. Ajuntai a estes cinco S. Lucas e S. Marcos, que também ali estavam, e achareis o número daqueles sete trovões[3] que ouviu S. João no Apocalipse. Loquuti sunt septem tonitrua voces suas[4]. Eram trovões que falavam e desarticulavam as vozes, mas essas vozes eram suas: vozes suas: suas, e não alheias, como notou Ansberto: Non alienas, sed suas. Enfim, pregar o alheio é pregar o alheio, e com o alheio nunca se fez cousa boa.

1. **Apparuerunt dispertitae linguae tanquam ignis, seditque supra singulos eorum.** Apareceram umas línguas à maneira de fogo, que se iam dividindo, e pousou uma sobre cada um deles. Atos 2/3.
2. **mas o estilo tão diverso, tão particular e tão próprio de cada um.** Cada apóstolo um estilo, já que o estilo é o homem. Mateus – Linguagem simples; João – Filósofo; Pedro – circumplexo; Jácobo – austero; Tadeu, poético...
3. **sete trovões...** Cinco apóstolos evangelistas (Mateus, João, Pedro, Tiago e Judas) mais dois evangelistas não apóstolos (Marcos e Lucas). Total – sete trovões.
4. **Loquuti sunt septem tonitrua voces suas.** Sete trovões fizeram soar suas vozes. Apocalipse 10/3.

IV

Contudo eu não me firmo de todo nesta razão[1], porque do grande Baptista sabemos que pregou o que tinha pregado Isaías, como notou S. Lucas, e não com outro nome, senão de sermões: Praedicans baptismum poenitentiae in remissionem peccatorum, sicut scriptum est in libro sermonun Isaiae Prophetae[2]. Deixo o que tomou Santo Ambrósio de S. Basílio; S. Próspero e Beda de Santo Agostinho; Teofilato e Eutímio de S. João Crisóstomo.

1. 1 - **...eu não me firmo de todo nesta razão.** O Autor ainda não encontrou a causa por que faz tão pouco fruto a palavra de Deus no mundo. A falta de ciência não é a causa porque muitos pregavam com a ciência alheia (pegavam peixes com redes feitas por outrem). Em seguida, exemplifica: Batista pregou com a ciência de Isaías; S. Ambrósio com a de S. Basílio; S. Próspero e Beda com a de Santo Agostinho; Teofilato e Eutínio com a de São João Crisóstomo. Então, não é a falta de ciência responsável por fazer tão pouco fruto a palavra de Deus.
2. **Praedicans baptismum poenitentiae in remissionem peccatorum, sicut scriptum est in libro sermonun Isaiae Prophetae.** Pregando o batismo de penitência com o fim de redimir os pecados, tal qual está escrito no livro dos Oráculos do Profeta Isaías. Lucas /3/3 e 4.

Comentários ao Sétimo Capítulo

"Será porventura a falta de ciência que há em muitos pregadores?"

O Capítulo Sétimo, ao cuidar da ciência dos pregadores, o faz em dois polos antitéticos: aqueles que pregam com ciência que têm e aqueles que pregam com a ciência que não têm. Uns pregam o próprio; outros pregam o alheio. Os primeiros vivem do que semearam e colheram; os outros vivem da semente e colheita alheias. Quem prega com a ciência alheia não pode ser eficaz na comunicação. Pregar não é recitar. Recita quem fala ciência alheia. Prega quem fala a própria ciência. Para provar o que diz, o orador vai ao Evangelho e, com apoio no texto bíblico, faz inferências e deduções inusitadas. No Evangelho, está escrito que o lavrador semeou o trigo seu (Semen Suum). "Muitos pregadores há que vivem do que não colheram e semeiam o que não trabalharam". Viver do que não se colhe e semear o que não se trabalha têm sentido equivalente. É o mesmo que viver da colheita e trabalho alheios. Assim é quem prega o alheio. "No suor do teu rosto comerás o teu pão" (Gênesis 3/18). Ou seja, o pão deve ser fruto do próprio trabalho. Eva comeu o fruto proibido e não guardou a semente. Fruto furtado pode ser bom para comer, mas não é bom para semear. Quem come o fruto alheio não lhe planta a semente. Plantar semente é trabalho que não se coaduna com quem vive do fruto alheio. Quem furta a fruta e planta em casa a sua semente pode até vê-la nascer, mas sem raízes; e o que não tem raízes não pode dar fruto. Assim é também aquele pregador que leva para casa sermão alheio e tenta com ele convencer. Não consegue. Pregam o alheio e não o seu (Semen Suum). Quem prega com texto alheio não é autêntico. O orador, para argumentar, volta-se à civilização pagã da Grécia antiga. Armas alheias, ainda que sejam de Aquiles, a ninguém deram vitória. Referência a uma passagem da Ilíada. Pátroclo lutou com as armas de Aquiles, mas sem ele. Foi morto por Heitor. O orador abandonou a mitologia e volta ao Evangelho. David não aceitou as armas de Saul. Tomou o seu cajado na mão, e escolheu para si cinco pedras lisas do ribeiro, e as pôs no alforje. Com armas próprias matou o gigante. Com armas alheias, Pátroclo foi vencido por Heitor. Com armas próprias, Davi venceu Golias. O orador faz a metáfora com apoio na Bíblia e cita só o que lhe interessa. Davi, na verdade, derrubou Golias com a pedra e matou-o com a espada do próprio Golias. Venceu-o com armas alheias. "Então Davi correu e de pé sobre o filisteu, tomou a espada dele, tirou-a da bainha e acabou de matá-lo, cortando-lhe a cabeça" – Samuel 17/51.

O sermonista não descansou no uso de metáforas e argumentos apoiados no texto Bíblico. Jesus escolhe os apóstolos. Vê Tiago e João num barco, consertando suas redes, e os chamou. O orador pede para observar. Redes suas, não alheias (Retia sua). Eram suas porque as faziam com seu trabalho. Com redes alheias pode-se pescar peixes, mas não se pode pescar homens. Por quê? Porque só quem sabe fazer a rede sabe fazer o lanço. Agora vem a habilidade. Quem sabe fazer rede sabe lançar rede. Só quem escreve o Sermão, com seu trabalho e competência, sabe pescar os homens (dar o lanço). Quem não faz rede, nada sabe da arte de pescar. Quem não é o autor do Sermão nada sabe da arte de convencer. Criar um sermão exige trabalho. Do fio e do nó se faz a malha. O texto do discurso (tecido-malha) também se faz de palavras e orações. O pescador que fez a rede sabe pescar melhor que aquele que não a fez. O pregador que escreve seu sermão sabe convencer melhor que aquele que não o escreveu. Pregar não é recitar.

Mais uma comparação. "A rede tem chumbada que vai ao fundo, e tem cortiça que nada em cima da água". Ora, a pregação tem assuntos profundos e superficiais. Só quem escreve seu sermão pode saber a diferença entre assuntos profundos da Igreja Católica e assuntos pequenos, menores que pouco devem ser explorados. Na boca de quem não escreveu o texto até o chumbo é cortiça. Quem escreve, entende. Quem não escreve, memoriza. Os homens não se convencem pela memória. Os homens se convencem pelo entendimento. Pregar não é recitar.

Para reforçar a tese de que o entendimento e a razão convencem, vai o sermonista ao dia de Pentecostes: "E foram vistas por eles línguas repartidas, como de fogo, as quais pousaram sobre cada um deles". Atos 2/3. Sobre cada um deles e não sobre a boca que é o lugar da língua. Se fosse sobre a língua, os apóstolos seriam bons recitadores. Como as línguas de fogo pousaram sobre a cabeça deles, o sermão há de sair da cabeça e não da língua.

Sai da língua quem declama sermão alheio. Sai da cabeça quem escreve seu próprio sermão. Quem convence é a cabeça e não a língua.

"E por que cada uma sobre cada um, e não todas sobre todos?" Porque Deus deu a cada um de seus apóstolos um estilo diverso. Mateus fácil, ou seja linguagem simples; João misterioso, ou seja filosófico; Pedro grave, ou seja circumplexo; Jacob forte, ou seja austero; Tadeu sublime, ou seja poético. "As penas todas tiradas das asas daquela pomba divina". A pomba é o Espírito Santo que desceu sobre Jesus na forma daquele pássaro. "As penas tiradas das asas..." Pena com dois sentidos: a pena do pássaro e a pena de escrever. Esta determina um estilo.

Aos cinco apóstolos que cita, o sermonista acrescenta São Lucas e São Marcos. Agora tudo está em concerto com o versículo do apocalipse (10/3): "E clamou com grande voz, como quando brama o leão, e havendo chamado, os sete trovões fizeram soar suas vozes". Sete Trovões: cinco apóstolos e dois evangelistas. Cada palavra, um trovão; cada período, um raio; cada razão, um triunfo.

No final do Capítulo, o orador declara não ter ainda encontrado a causa por que faz tão pouco fruto a palavra de Deus no mundo. A falta de ciência não é necessariamente, porque muitos pregaram com a ciência alheia. O orador cita aqueles que pegaram peixes com redes feitas por outrem: Batista pregou com a ciência de Isaías. São Ambrósio com a ciência de São Basílio. São Próspero e Beda com a ciência de Santo Agostinho. Teofilato e Eutímio com a ciência de São João Crisóstomo. Então, não é a falta de ciência, necessariamente responsável por fazer tão pouco fruto a palavra de Deus no mundo. Seria então a voz do pregador? É o que vai analisar no Capítulo Oitavo.

A Título de Intertextualidade

Padre Antônio Vieira

"Será porventura a falta de ciência que há em muitos pregadores? Muitos pregadores há que vivem do que não colheram e semeiam o que não trabalharam. Depois da sentença de Adão, a terra não costuma dar fruto, senão a quem come o seu pão com o suor do seu rosto... O pregador há de pregar o seu, e não o alheio"

Abraham Lincoln

O pregador há de pregar o seu, e não o alheio" Edmund Wilson, no Livro "11 Ensaios" – Literatura, Política, História, Editora Companhia da Letras, reserva um dos ensaios a Abraham Lincoln. Das ideias anunciadas, apresenta o Autor um político americano que conseguiu atingir o auge da comunicação, precisamente depois de abandonar o estilo afetado e pomposo do passado. Abandona os ornatos antiquados da oratória forense e congressional, praticando agora uma arte de encantamento com a palavra. Antes Lincoln pregava com a ciência alheia. Em determinado período de sua vida, passa a pregar com ciência própria. Um inglês verdadeiramente másculo, como diz Lowell, clássico, porque não era de nenhum período particular, que estava à altura, tanto do mais alto quanto do mais humilde dos seus compatriotas. Semeou e colheu com o suor de seu trabalho.

O abandono da pompa, em nome da simplicidade coincide com sua ascensão política. Leia um texto de Abraham Lincoln:

"De passagem, um belo exemplo surgiu a bordo para considerar-se o efeito da condição sobre a felicidade humana. Um cavalheiro havia comprado doze negros, em diferentes partes do Kentucky e os levava para uma fazenda no Sul. Iam acorrentados uns aos outros, em dois grupos de seis. Uma pequena pulseira de ferro rodeava o pulso de cada um e se prendia à corrente principal por outra mais curta, à conveniente distância dos demais; deste modo, os negros estavam encadeados uns aos outros, exatamente como outros tantos peixes a um espinhol. Nessa condição, eram arrancados para sempre do cenário de sua infância, de seus amigos, de seus pais e mães e irmãos e irmãs, e muitos

deles de suas esposas e filhos, para ingressar numa escravidão perpétua em que o látego dos amos é proverbialmente mais cruel e implacável do que qualquer outro; no entanto, em meio a circunstância tão penosa, mostravam-se as mais alegres e aparentemente mais ditosas criaturas a bordo. Um deles, cujo crime fora uma excessiva afeição pela esposa, tocava sua rabeca quase o tempo todo, e os outros dançavam, cantavam, diziam gracejos e se entregavam a diversos jogos de cartas todos os dias. Quão verdadeiro é que "Deus dá o frio conforme o cobertor" ou, por outras palavras, que Ele torna a pior condição humana tolerável, enquanto tolera que o melhor não seja mais do que o tolerável".

Capítulo Oitavo

Três Parágrafos

I

Será finalmente a causa, que tanto há buscamos, a voz com que hoje falam os pregadores?[1] Antigamente pregavam bradando, hoje pregam conversando. Antigamente a primeira parte do pregador era boa voz e bom peito. E verdadeiramente, como o mundo se governa tanto pelos sentidos, podem às vezes mais os brados que a razão. Boa era também esta, mas não a podemos provar com o semeador, porque já dissemos que não era ofício de boca. Porém o que nos negou o Evangelho no semeador metafórico, nos deu no semeador verdadeiro, que é Cristo. Tanto que Cristo acabou a parábola, diz o Evangelho que começou o Senhor a bradar: Haec dicens clamabat[2]. Bradou o Senhor, e não arrazoou sobre a parábola[3], porque era tal o auditório, que fiou mais dos brados que da razão[4].

1. **Será finalmente a causa, que tanto há buscamos, a voz com que hoje fala os pregadores.** O orador está buscando a causa a que se propõe desde o inicio do sermão. Já sabemos que o culpado é o pregador, o não fazer fruto hoje a palavra de Deus. Já examinou as circunstâncias da pessoa do pregador, do estilo, da matéria, da ciência. Nestas circunstâncias não encontrou a causa. Será por acaso a voz? É o que vai analisar neste capítulo.
   Que tanto há buscamos – ou seja – que há tanto buscamos
                                 que faz tanto buscamos
2. **Haec dicens clamabat.** Dizendo ele estas coisas clamava. Lucas 8/8.
3. **e não arrazoou sobre a Parábola.** Arrazoou – verbo arrazoar - expor ou defender ideias, usando das razões.
4. **que fiou mais dos brados, que da razão.** Fiou – verbo fiar – acreditar, confiar.

II

Perguntaram ao Baptista quem era? Respondeu ele: Ego vox clamantis in deserto[1]: Eu sou uma voz que anda bradando neste deserto. Desta maneira se definiu o Baptista. A definição do pregador, cuidava eu que era: voz que arrazoa e não voz que brada. Pois por que se definiu o Baptista pelo bradar e não pelo arrazoar; não pela razão, senão pelos brados? Porque há muita gente neste mundo com quem podem mais os brados que a razão, e tais eram aqueles a quem o Baptista pregava. Vede-o claramente em Cristo. Depois que Pilatos examinou as acusações que contra ele se davam, lavou as mãos e disse: Ego nullam causam invenio in homine isto[2]: Eu nenhuma causa acho neste homem. Neste tempo, todo o povo e os escribas bradavam de fora, que fosse crucificado: At illi magis clamabant, crucifigatur[3]. De maneira que Cristo tinha por si a razão e tinha contra si os brados. E qual pôde mais? Puderam mais os brados que a razão. A razão não valeu para o livrar, os brados bastaram para o pôr na Cruz. E como os brados no Mundo podem tanto, bem é que bradem alguma vez os pregadores, bem é que gritem. Por isso Isaías chamou aos pregadores nuvens: Qui sunt isti, qui ut nubes volant?[4] A nuvem tem relâmpago, tem trovão e tem raio: relâmpago para os olhos, trovão para os ouvidos, raio para o coração; com o relâmpago alumia, com o trovão assombra, com o raio mata. Mas o raio fere a um, o relâmpago a muitos, o trovão a todos[5]. Assim há-de ser a voz do pregador, um trovão do Céu, que assombre e faça tremer o Mundo.

1. **Ego vox clamantis in deserto.** Eu sou a voz que clama no deserto. João 1/23.
2. **Ego nullam causam invenio in homine isto.** Eu não encontrei nenhuma culpa neste homem. Lucas 23/14.
3. **At illi magis clamabant, crucificatur.** Mas eles gritavam ainda mais: que seja crucificado. Mateus 27/23.
4. **Qui sunt isti, qui ut nubes volant?** Quem são estes que voam como nuvens? Isaias 60/8.
5. **A nuvem tem relâmpago, tem trovão e tem raio: relâmpago para os olhos, trovão para os ouvidos, raio para o coração; com o relâmpago alumia, com o trovão assombra, com o raio mata. Mas o raio**

fere a um, o relâmpago a muitos, o trovão a todos. Esta é a metáfora. Numa cidade, um raio pode ferir a um, o relâmpago é percebido pelos olhos de muitos, mas o trovão é ouvido por todos. Assim há de ser a voz do pregador, um trovão do céu.

III

Mas que diremos à oração de Moisés? Concrescat ut pluvia doctrina mea: fluat ut ros eloquim meum[1]: Desça minha doutrina como chuva do céu, e a minha voz e as minhas palavras como orvalho que se destila brandamente e sem ruído. Que diremos ao exemplo ordinário de Cristo, tão celebrado por Isaías: Non clamabit neque audietur vox ejus foris?[2] Não clamará, não bradará, mas falará com uma voz tão moderada que se não possa ouvir fora. E não há dúvida que o praticar familiarmente, e o falar mais ao ouvido que aos ouvidos, não só concilia maior atenção, mas naturalmente e sem força se insinua, entra, penetra e se mete na alma[3]. Em conclusão que a causa de não fazerem hoje fruto os pregadores com a palavra de Deus, nem é a circunstância da pessoa: Qui seminat: nem a do estilo: Seminare; nem a da matéria: Semen; nem a da ciência: Suum; nem a da voz: Clamabat. Moisés tinha fraca voz[4]; Amós tinha grosseiro estilo[5]; Salamão multiplicava e variava os assuntos[6]; Balaão não tinha exemplo de vida; o seu animal não tinha ciência; e contudo todos estes, falando, persuadiam e convenciam[7]. Pois se nenhuma destas razões que discorremos, nem todas elas juntas são a causa principal nem bastante do pouco fruto que hoje faz a palavra de Deus, qual diremos finalmente que é a verdadeira causa?[8]

1. Que a minha doutrina se espalhe como a chuva, e o meu discurso se derrame como orvalho. Deuteronômio 32/2.
2. **Non clamabit neque audietur vox ejus foris?** Não clamará nem se ouvirá a sua voz nas ruas. Isaías 42/2.
3. Nesse parágrafo, o orador confronta o pregador com voz de trovão e o pregador que fala ao ouvido de cada um.
4. Então, disse Moisés ao Senhor: Oh! Senhor! Eu nunca fui eloquente, nem outrora, nem depois que falaste a teu sevo; pois sou pesado de boca e pesado de língua. Êxodo 4/10.

5. O livro de Amós é agressivo: pastores estarão de luto e secar-se-á o cume do Carmelo. Amós 1/2.
6. No Eclesiastes, Salomão cuida de vários assuntos: a vaidade, o tempo, a moderação, a submissão, o trabalho, a mocidade, a velhice...
7. Leia, querendo, no Antigo Testamento, Números 22 e 23.
8. Parte agora o orador para descobrir a verdadeira causa por que faz pouco fruto a palavra de Deus no mundo.

Comentários ao Oitavo Capítulo

"Será finalmente a causa que tanto há buscamos, a voz com que hoje falam os pregadores?"

O orador já declarou que o pregador é o responsável em fazer tão pouco o fruto a palavra de Deus no mundo. Examinou e analisou a pessoa do pregador, o estilo do pregador, a matéria que expõe, a ciência que tem. Ainda não encontrou a causa. Seria a voz do pregador? A voz era um componente importante na retórica clássica. Nesta passagem do Sermão, Vieira vai contrapor o "bradar" e "conversar"; "gritar" e "arrazoar". "Antigamente pregavam bradando, hoje pregam conversando".

Como os sentidos governam o entendimento, é possível que os brados sejam mais eficazes que a razão. Vai ao Evangelho para demonstrar que "bradar" é eficaz: Dizendo Jesus estas coisas, bradava: Quem tem ouvidos para ouvir, ouça (Lucas 8/8). Jesus bradou e não arrazoou. Para falar a uma multidão, Jesus confiou mais nos brados do que na razão. Perguntaram ao Batista quem era. Respondeu ele: "Eu sou a voz que anda bradando neste deserto. Endireitarei o caminho do Senhor, como disse o profeta Isaías" (João 1/23).

É justo pensar, argumenta o orador, que pregar é arrazoar, e não bradar. Deve-se pregar com a razão e não com berros e gritos. Pondera em seguida que Batista pregava a uma gente com quem podem muito mais os brados que a razão. Batista brada no deserto. "Deserto" em dois sentidos. Lugar despovoado e, parece esse o sentido, lugar de gente rude e primitiva, árida como o deserto. E para provar e demonstrar o que diz, traz ao discurso o julgamento de Jesus. Pilatos não vê culpa em Jesus. Mas a multidão, em fúria, grita que o crucifiquem. E assim se fez. Os berros puderam mais que a razão; os brados levaram o inocente à cruz. "Razão e brado" faz parte do cenário no dia do julgamento. Prevaleceu o brado. O orador invoca Isaías (60/8): "Quem são estes que vêm voando como nuvem, como pombas para o pombal?" Este versículo está no contexto de glorificar Jerusalém. Vieira interpreta que "estes que vêm como nuvem" são os pregadores. É tudo de que precisa para construir a metáfora. A nuvem tem relâmpago para os olhos com que alumia, ferindo a muitos. Tem trovão para os ouvidos com que assombra, ferindo a todos. Tem raios para o coração com que mata apenas um. "Assim há de ser a voz do pregador, um trovão do céu que assombre e faça tremer o mundo". Um trovão para os ouvidos (berro), com que assombra (assusta), ferindo a todos (tocando a todos). Assim é o trovão. Assim é a voz do pregador.

Para contrapor ao berro, Vieira traz ao discurso o exemplo de Moisés em Deuteronômio 32/3: Caia aos pingos, como chuva, minha doutrina. "Goteje, como orvalho, meu discurso qual chuvisco sobre as plantas e como aguaceira sobre as pastagens".

Caia aos pingos minha doutrina, ou seja, serenamente, sem ruído, sem brados, diferente da maneira com que pregava Batista. Na profecia de Isaías, prevendo a vinda de Jesus, há outro exemplo de suavidade na pregação (Isaías 42/2): "Não gritará, não levantará a voz e não fará ouvir sua voz pelas ruas" Conclui o orador. Fazer pouco fruto a palavra de Deus no mundo não é por culpa da pessoa do pregador, nem do estilo do pregador, nem da matéria do pregador, nem da ciência que tem e nem da voz.

Moisés tinha fraca voz. "Moisés disse ao Senhor: Pobre de mim, Senhor! Nunca tive felicidade para falar, nem antes, nem agora que falas a teu servo. A minha pronuncia e minha fala são pesadas" (Êxodo 4/10). Amós tinha grosseiro estilo: O Senhor ruge de Sião, de Jerusalém levanta sua voz, murcham as pastagens dos pastores e seca o cume do Carmelo (Amós 1/2). Salomão multiplicava e variava os assuntos (no Eclesiastes, vários assuntos: a vaidade, o tempo, a moderação, a submissão, o trabalho, a mocidade, a velhice). Balaão não tinha exemplo de vida; o seu animal não tinha ciência, e contudo todos estes, falando, persuadiam e convenciam. (Números 22 e 23).

Todos os exemplos citados fazem crer que a voz do pregador não tem, necessariamente, culpa em fazer tão pouco fruto a palavra de Deus no mundo. Qual seria a verdadeira causa. O orador responde no Capítulo que segue.

Capítulo Oitavo

A Título de Intertextualidade

Padre Antônio Vieira

"Antigamente pregavam bradando, hoje pregam conversando... como o mundo se governa tanto pelos sentidos, podem às vezes mais os brados que a razão. A definição do pregador, cuidava eu que era: voz que arrazoa e não voz que brada. Pois por que se definiu o Baptista pelo bradar e não pelo arrazoar; não pela razão, senão pelos brados? Porque há muita gente neste mundo com quem podem mais os brados que a razão".

Adolf Hitler - a voz que brada.

No livro "Hitler" de Joaquim Fest – Editora Nova Fronteira, escreve que o responsável pela maior desgraça de toda história tinha, na voz e no gesto, a arte de convencer. Suas manifestações se distinguiam pelo caráter teatral, pelo tom e pelo acento de cada palavra. Em Hamburgo, diz o autor, "sob ovações de milhares de pessoas, fez um de seus discursos estimulantes, durante os quais o público se derretia como para um deboche coletivo, esperando com avidez o momento da apoteose, da grande explosão de prazer que se manifestava por gritos delirantes". Responsável pela morte de dezenas de milhões de pessoas, não poderia executá-los sozinho. Convenceu, com a palavra, seus coautores. E fê-lo aos berros.

Leia o trecho do discurso, proferido em Berlim, em 3 de Outubro de 1941, em que o orador prepara o povo para a guerra com a Inglaterra. Apresenta-se como amante da paz, forçado pelos ingleses a pegar em arma. Aos berros, leva seu povo à desgraça. Morrem milhões de estrangeiros, morrem milhões de alemães, ele mesmo se mata, resultando uma Alemanha esmagada, destruída, ocupada e dividida.

"Alemães e Alemãs, meus compatriotas!

Se hoje me dirijo a vós, de novo, depois de longos meses de silêncio, não é com objetivo de responder a um desses homens de Estado que recentemente se têm perguntado com surpresa por que razão tenho permanecido calado durante tanto tempo. Um dia a posteridade poderá julgar com todo o conheci-

mento de causa e decidir quem é que teve mais peso durante esses últimos três meses e meio: os discursos de Churchill ou os meus atos.

Durante esse tempo, consegui adquirir um certo número de aliados. Em primeiro lugar, a Itália; uma estreita e profunda amizade une-me pessoalmente ao homem de Estado que a dirige. Com o Japão, as nossas relações não param de melhorar. Por outro lado, na Europa, nós tínhamos uma série de povos e de Estados com que sempre mantivemos uma inalterável e amável simpatia, nomeadamente a Hungria e alguns Estados nórdicos. A tais povos, outros se juntaram, mas, infelizmente, não o povo a quem eu roguei mais durante a minha vida: o povo inglês. Não que seja ao povo inglês, ele próprio, que caiba totalmente a responsabilidade dessa situação. Não, são apenas algumas pessoas que, no seu ódio cego, na sua loucura obstinada, sabotaram todas as tentativas de entendimento, secundadas por esse inimigo internacional do mundo inteiro, que nós conhecemos a todos, a judaria internacional.

Portanto, infelizmente, não conseguimos ter com a Grã-Bretanha, e sobretudo com o povo inglês, o bom relacionamento que sempre esperei.

E por isso, exatamente como se passou em 1914, chegou o dia em que é preciso tomar uma decisão dura.

Não hesitei em tomá-la porque estou seguro de que, se não é possível obter amizade inglesa, mais vale enfrentar a Inglaterra comigo à frente do Reich.

Com efeito, se essa amizade não pode ser obtida pelas minhas medidas, pelos meus avanços, não resta outra possibilidade que não seja combater, e fico reconhecido ao Destino pelo fato de essa luta poder ser comandada por mim. Estou realmente convencido de que não há que esperar nenhum entendimento com essa gente. São loucos delirantes, gente que dez anos depois apenas tem uma palavra na boca: "Nós queremos de novo uma guerra contra a Alemanha" [...]

Do Livro "Discurso que mudaram o mundo"

Coleção Folha de São Paulo

Winston Churchill – a voz que arrazoa

Churchill, orador de voz calma, pausada; articula as palavras com dicção perfeita. Sua expressão também fala: a face, os olhos, as mãos, o corpo, mas tudo calmamente, como um concerto sinfônico. Leia trecho do Discurso proferido perante a Câmara dos Comuns, em 13 de maio de 1940, sete meses antes do discurso de Hitler.

"Sangue, suor e lágrimas
Senhores,

Agora convido a Câmara a aprovar as diligências efetuadas até agora e a mostrar o seu apoio ao novo governo.
A Resolução é a seguinte: "A Câmara dá as boas-vindas à formação de um governo de unidade e incentiva a nação a prosseguir a guerra contra a Alemanha até a vitória."
A formação de uma administração com estas características e esta complexidade exige um grande esforço. Temos de ter em conta que nos encontramos na fase preliminar de uma das grandes batalhas da história; que atuamos em muitos pontos da Noruega e da Holanda; que estamos preparados no Mediterrâneo; que a batalha aérea é contínua e que muitos preparativos têm de fazer-se aqui e no exterior. Nesta crise, espero que possam perdoar-me se me estou a estender muito, ao dirigir-me à Câmara hoje. Espero que os meus amigos e colegas, ou antigos colegas, que estão preocupados com a reconstrução política, se consciencializem da impossibilidade de atuar de acordo com o protocolo habitual. Eu diria à Câmara, como disse a todos os que integram o Governo: "Não tenho nada mais a oferecer do que sangue, labuta, lágrimas e suor".
Temos diante de nós uma prova muito dura. Temos diante de nós muitos, muitos meses de combate e sofrimento.
Perguntam-me: "Qual é a nossa política". Responderei: "Combater por terra, mar e ar com todas as nossas capacidades e com toda a força que Deus nos possa dar; combater contra uma tirania monstruosa, nunca superada no obscuro e lamentável catálogo de crimes humanos. Esta é a nossa política."
E perguntarão: "Qual é a nossa aspiração?" Posso responder com uma palavra: vitória. Vitória a todo custo; vitória, apesar de todo o terror; vitória,

por longo e duro que possa ser o caminho. Porque sem vitória não há sobrevivência. Tenham-no por certo: não haverá sobrevivência para tudo aquilo que o Império Britânico defendeu; não haverá sobrevivência para o estímulo e o impulso de todas as gerações, para que a humanidade avance até ao seu objetivo. Mas eu assumo a minha tarefa com ânimo e esperança.

Estou seguro de que a Humanidade não tolerará que a nossa culpa se malogre. Nesta altura, sinto-me autorizado a reclamar a ajuda de todos e a dizer: Venham, pois, e vamos em frente todos juntos, com nossas forças unidas"

Do Livro "Discursos que mudaram o Mundo"

Coleção Folha São Paulo

Capítulo Nono

Seis Parágrafos

I

As palavras que tomei por tema o dizem. Semen est verbum Dei. Sabeis, Cristãos, a causa por que se faz hoje tão pouco fruto com tantas pregações? É porque as palavras dos pregadores são palavras, mas não são palavras de Deus[1]. Falo do que ordinariamente se ouve. A palavra de Deus (como dizia) é tão poderosa e tão eficaz, que não só na boa terra faz fruto, mas até nas pedras e nos espinhos nasce. Mas se as palavras dos pregadores não são palavras de Deus, que muito que não tenham a eficácia e os efeitos da palavra de Deus? Ventum seminabunt, et turbinem colligent[2], diz o Espírito Santo: Quem semeia ventos, colhe tempestades. Se os pregadores semeiam vento, se o que se prega é vaidade, se não se prega a palavra de Deus[3], como não há a Igreja de Deus de colher tormenta, em vez de colher fruto?

1. **É porque as palavras dos pregadores são palavras, mas não são palavras de Deus.** O orador chegou à conclusão. Desde o início vem trilhando caminho em busca da causa. Agora anunciou a causa por que quase sempre é inócua a pregação. Vai demonstrá-la. Esta é a causa que anuncia: os pregadores usam palavras e estas palavras não são palavras de Deus. Permita-nos uma interpretação extensiva.
    a. os pregadores pregam, mas não pregam a palavra de Deus;
    b. Os pregadores pregam, mas não pregam a verdade.
    c. Os pregadores pregam, mas não acreditam naquilo que pregam.
    A mentira e a falsidade não são palavras de Deus.
2. **Ventum seminabunt, et turbinem colligent.** Semearam ventos e colheram tormentas. Oseias 8/7.
3. **Se os pregadores semeiam vento, se o que se prega é vaidade, se não se prega a palavra de Deus.** Semear ventos (falsidade) + semear mentira (vaidade) – ambos não são palavras de Deus.

II

Mas dir-me-eis: Padre, os pregadores de hoje não pregam do Evangelho, não pregam das Sagradas Escrituras? Pois como não pregam a palavra de Deus? Esse é o mal. Pregam palavras de Deus, mas não pregam a palavra de Deus[1]: *Qui habet sermonem meum, loquatur sermonem meum vere*[2], disse Deus por Jeremias. As palavras de Deus, pregadas no sentido em que Deus as disse, são palavras de Deus; mas pregadas no sentido que nós queremos, não são palavras de Deus, antes podem ser palavras do Demônio[3]. Tentou o Demônio a Cristo a que fizesse das pedras pão. Respondeu-lhe o Senhor: *Non in solo pane vivit homo, sed in omni verbo, quod procedit de ore dei*[4]. Esta sentença era tirada do capítulo VIII do Deuteronômio. Vendo o Demônio que o Senhor se defendia da tentação com a Escritura, leva-o ao Templo, e alegando o lugar do salmo XC, diz-lhe desta maneira: *Mille te deorsum; scriptum est enim, quia Angelis suis Deus mandavit de te, ut custodiant te in omnibus viis tuis*[5]: Deita-te daí abaixo, porque prometido está nas Sagradas Escrituras que os anjos te tomarão nos braços, para que te não faças mal. De sorte que Cristo defendeu-se do Diabo com a Escritura, e o Diabo tentou a Cristo com a Escritura. Todas as Escrituras são palavra de Deus: pois se Cristo toma a Escritura para se defender do Diabo, como toma o Diabo a Escritura para tentar a Cristo? A razão é porque Cristo tomava as palavras da Escritura em seu verdadeiro sentido, e o Diabo tomava as palavras da Escritura em sentido alheio e torcido[6]; e as mesmas palavras, que tomadas em verdadeiro sentido são palavras de Deus, tomadas em sentido alheio, são armas do Diabo. As mesmas palavras que, tomadas no sentido em que Deus as disse, são defesa, tomadas no sentido em que Deus as não disse, são tentação. Eis aqui a tentação com que então quis o Diabo derrubar a Cristo, e com que hoje lhe faz a mesma guerra do pináculo do templo. O pináculo do templo é o púlpito, porque é o lugar mais alto dele. O Diabo tentou a Cristo no deserto, tentou-o no monte, tentou-o no templo: no deserto, tentou-o com a gula; no monte, tentou-o com a ambição; no templo, tentou-o com as Escrituras mal interpretadas, e essa é a tentação de que mais padece hoje a Igreja[7], e que em muitas partes tem derrubado dela, senão a Cristo, a sua fé.

1. **Pregam palavras de Deus, mas não pregam a palavra de Deus.** O paradoxo se desfaz quando se revela o sentido da expressão a "palavra de Deus". Pregam palavras de Deus, palavras que o religioso interpreta desonestamente ser de Deus; diz ser de Deus para defender seus interesses particulares. Não pregam a palavra de Deus, palavra da verdade, do respeito à dignidade humana, da justiça e do amor, em defesa, não de interesses egoísticos, mas da convivência pacífica de toda humanidade.
2. **Qui habet sermonem meum, loquatur sermonem meum vere.** Aquele em que está o meu Sermão, que fala o meu sermão em verdade. Jeremias 23/28.
3. **... palavras do Demônio.** Quando o Pregador, Sacerdote ou Evangélico pregam no sentido que eles querem, na defesa de seus interesses, falam a palavra de demônio.
4. **Non in solo pane vivit homo, sed in omni verbo, quod procedit de ore Dei.** Não apenas de pão vive o homem, mas de toda a palavra que sai da boca de Deus. Mateus 4/4.
5. **Mille te deorsum; scriptum est enim, quia Angelis suis Deus mandavit de te, ut custodiant te in omnibus viis tuis.** Atira-te daqui abaixo; está escrito que ele deu ordens aos seus anjos para te protegerem em todos os teus caminhos. Mateus 4/6.
6. **... e o Diabo tomava as palavras da Escritura em sentido alheio e torcido.** Pode-se ler assim: e os maus pregadores tomam as palavras da Escritura no sentido que lhes interessa para defender seus interesses.
7. **... e essa é a tentação de que mais padece hoje a Igreja.** Atualíssimo, embora "hoje" se refira a 1655.

III

Dizei-me, pregadores[1] (aqueles com quem eu falo indignos verdadeiramente de tão sagrado nome), dizei-me: esses assuntos inúteis que tantas vezes levantais, essas empresas ao vosso parecer agudas que prosseguis, achaste-las alguma vez nos Profetas do Testamento Velho, ou nos Apóstolos e Evangelistas do Testamento Novo, ou no autor de ambos os Testamentos, Cristo? É certo que não, porque desde a primeira palavra do Gênesis até à última do Apocalipse, não há tal coisa em todas as Escrituras. Pois se nas

Escrituras não há o que dizeis e o que pregais, como cuidais que pregais a palavra de Deus? Mais². Nesses lugares, nesses textos que alegais para prova do que dizeis, é esse o sentido em que Deus os disse? É esse o sentido em que os entendem os padres da Igreja? É esse o sentido da mesma gramática das palavras? Não, por certo; porque muitas vezes as tomais pelo que toam e não pelo que significam, e talvez nem pelo que toam. Pois se não é esse o sentido das palavras de Deus, segue-se que não são palavras de Deus. E se não são palavras de Deus, que nos queixamos que não façam fruto as pregações? Basta que havemos de trazer as palavras de Deus a que digam o que nós queremos, e não havemos de querer dizer o que elas dizem?! E então ver cabecear o auditório a estas coisas, quando devíamos de dar com a cabeça pelas paredes de as ouvir!³ Verdadeiramente não sei de que mais me espante, se dos nossos conceitos, se dos vossos aplausos? Oh, que bem levantou o pregador! Assim é; mas que levantou? Um falso testemunho ao texto, outro falso testemunho ao santo, outro ao entendimento e ao sentido de ambos. Então que se converta o mundo com falsos testemunhos da palavra de Deus? Se a alguém parecer demasiada a censura, ouça-me.

1. **Dizei-me, pregadores...** Agora o orador interpela diretamente o Pregador – charlatão – indignos verdadeiramente de tão sagrado nome. Interpretação extensiva: pregadores, oradores, doutrinadores, políticos, comunicadores...
2. **Mais.** O mau pregador não prega a palavra de Deus porque usa passagens textuais que não estão nas escrituras. Mais. Dão outro sentido à palavra de Deus; dão outro sentido aos ensinamentos da Igreja; dão outro sentido gramatical às palavras.
3. **E então ver cabecear o auditório a estas coisas, quando devíamos de dar com a cabeça pelas paredes de as ouvir!** E então ver o auditório menear a cabeça em sinal de aprovação. "Cabecear" e "dar com a cabeça" – Jogo de palavra tão ao agrado do Barroco.

IV

Estava Cristo acusado diante de Caifás, e diz o Evangelista S. Mateus que por fim vieram duas testemunhas falsas: Novissime venerunt duo falsi testes¹. Estas testemunhas referiram que ouviram dizer a Cristo que, se os Judeus destruíssem o templo, ele o tornaria a reedificar em três dias. Se lermos o Evangelista S. João, acharemos que Cristo verdadeiramente tinha dito as palavras referidas. Pois se Cristo tinha dito que havia de reedificar o templo dentro em três dias, e isto mesmo é o que referiram as testemunhas, como lhes chama o Evangelista testemunhas falsas: Duo falsi testes? O mesmo S. João deu a razão: Loquebatur de templo corporis sui². Quando Cristo disse que em três dias reedificaria o templo, falava o Senhor do templo místico de seu corpo, o qual os Judeus destruíram pela morte e o Senhor o reedificou pela ressurreição; e como Cristo falava do templo místico e as testemunhas o referiram ao templo material de Jerusalém, ainda que as palavras eram verdadeiras, as testemunhas eram falsas. Eram falsas, porque Cristo as dissera em um sentido, e eles as referiram em outro; e referir as palavras de Deus em diferente sentido do que foram ditas, é levantar falso testemunho a Deus, é levantar falso testemunho às Escrituras. Ah, Senhor, quantos falsos testemunhos vos levantam! Quantas vezes ouço dizer que dizeis o que nunca dissestes! Quantas vezes ouço dizer que são palavras vossas, o que são imaginações minhas, que me não quero excluir deste número!³ Que muito logo que as nossas imaginações, e as nossas vaidades, e as nossas fábulas não tenham a eficácia de palavra de Deus!

1. **Novissime venerunt duo falsi testes.** Finalmente vieram duas testemunhas falsas. Mateus 20/60.
2. **Loquebatur de templo corporis sui.** Falava do Templo de seu corpo. João 2/21.
3. **que me não quero excluir deste número!** Pronome oblíquo "me" em próclise ao verbo e ao advérbio de negação.

V

Miseráveis de nós, e miseráveis dos nossos tempos! Pois neles se veio a cumprir a profecia de S. Paulo¹: Erit tempus, cum sanam doctrinam non sustinebunt: Virá tempo, diz S. Paulo, em que os homens não sofrerão a doutrina sã. Sed ad sua desideria coacervabunt sibi magistros prurientes auribus: Mas para seu apetite terão grande número de pregadores feitos a montão e sem escolha, os quais não façam mais que adular-lhes as orelhas. A veritate quidem auditum avertent, ad fabulas auten convertentur[2]: Fecharão os ouvidos à verdade, e abri-los-ão às fábulas. Fábula tem duas significações: quer dizer fingimento e quer dizer comédia; e tudo são muitas pregações deste tempo. São fingimento, porque são sutilezas e pensamentos aéreos, sem fundamento de verdade; são comédia, porque os ouvintes vêm à pregação como à comédia; e há pregadores que vêm ao púlpito como comediantes[3]. Uma das felicidades que se contava entre as do tempo presente era acabarem-se as comédias em Portugal[4]; mas não foi assim. Não se acabaram, mudaram-se; passaram-se do teatro ao púlpito. Não cuideis que encareço em chamar comédias a muitas pregações das que hoje se usam[5]. Tomara ter aqui as comédias de Plauto, de Terêncio, de Sêneca[6], e veríeis se não acháveis nelas muitos desenganos da vida e vaidade do Mundo, muitos pontos de doutrina moral, muito mais verdadeiros, e muito mais sólidos, do que hoje se ouvem nos púlpitos. Grande miséria por certo, que se achem maiores documentos para a vida nos versos de um poeta profano, e gentio[7], que nas pregações de um orador cristão, e muitas vezes, sobre cristão, religioso![8]

1. **Profecias de S. Paulo.** Timóteo 4/3: Pois haverá tempo em que não suportarão a sã doutrina; pelo contrário, cercar-se-ão de mestres segundo as suas próprias cobiças, como que sentindo coceira nos ouvidos.
2. O próprio orador traduziu do latim o versículo de Paulo – Timóteo 4/4.
3. Os jesuítas não suportavam o teatro profano. Na oração, Vieira condena quem faz do Sermão um teatro mundano.
4. **acabarem-se as comédias em Portugal.** A Espanha dominou Portugal de 1580 a 1640. O teatro em Portugal fora, nesse período, essencialmente espanhol. Vieira proferiu este discurso em 1655, ou seja 15 anos após a Restauração. Por isso afirma: acabarem-se as comédias em Portugal.
5. **Não cuideis que encareço em chamar comédias a muitas pregações das que hoje se usam.** Não penseis que elogio em chamar comédias a muitas pregações das que hoje se usam.
6. **de Plauto, de Terêncio, de Sêneca.** Plauto nasceu em Sarsina,

Úmbria, Itália por volta do ano 250 a.C. e faleceu provavelmente em Roma. É considerado o maior comediógrafo da Roma antiga. Suas comédias inspiraram Moliere e Shakespeare.
Terêncio nasceu na África por volta de 185 a. C. Ex-escravo, escreveu várias comédias que resistem à ação do tempo.
Sêneca nasceu em Córdoba – Espanha, por volta de 4 a.C. Em Roma, iniciou sua carreira de orador e advogado, participando ativamente da vida pública. Foi Senador do Império Romano. Em 62 recebeu de Nero a pena de suicidar-se. Embora Vieira o qualifica comediante, Sêneca nunca escreveu comédia. São dele nove Tragédias.

7. **... maiores documentos para a vida nos versos de um poeta profano, e gentio.** Doutrina de alguns Cristãos que defendem, como S. Paulo, a conciliação entre o Paganismo e o Cristianismo.
8. **... e muitas vezes, sobre cristão, religioso!** E muitas vezes, além de Cristão, religioso (como os dominicanos).

VI

Pouco disse S. Paulo em lhe chamar comédia, porque muitos sermões há que não são comédia, são farsa. Sobe talvez ao púlpito um pregador dos que professam ser mortos ao mundo[1], vestido ou amortalhado em um hábito de penitência (que todos, mais ou menos ásperos, são de penitência; e todos, desde o dia que os professamos, mortalhas); a vista é de horror, o nome de reverência, a matéria de compunção, a dignidade de oráculo, o lugar e a expectação de silêncio; e quando este se rompeu, que é o que se ouve? Se neste auditório estivesse um estrangeiro que nos não conhecesse e visse entrar este homem a falar em público naqueles trajos e em tal lugar, cuidaria que havia de ouvir uma trombeta do Céu; que cada palavra sua havia de ser um raio para os corações, que havia de pregar com o zelo e com o fervor de um Elias, que com a voz, com o gesto e com as ações havia de fazer em pó e em cinza os vícios. Isto havia de cuidar o estrangeiro. E nós que é o que vemos? Vemos sair da boca daquele homem, assim naqueles trajos, uma voz muito afetada e muito polida, e logo começar com muito desgarro, a quê? A motivar desvelos, a acreditar empenhos, a requintar finezas, a lisonjear precipícios, a brilhar auroras, a derreter cristais, a desmaiar jasmins, a tocar primaveras, e outras mil indignidades destas. Não é isto farsa a mais digna de riso, se não fora tanto para chorar? Na comédia o rei veste como rei, e fala como rei; o lacaio, veste como lacaio, e fala como lacaio; o rústico veste como rústico, e fala como rústico; mas um pregador, vestir como religioso e falar como... não o quero dizer, por reverência do lugar. Já que o púlpito é teatro, e o sermão comédia sequer, não faremos bem a figura? Não dirão as palavras com o vestido e com o ofício? Assim pregava S. Paulo, assim pregavam aqueles patriarcas[2] que se vestiram e nos vestiram destes hábitos? Não louvamos e não admiramos o seu pregar? Não nos prezamos de seus filhos? Pois por que não os imitamos? Por que não pregamos como eles pregavam? Neste mesmo púlpito pregou S. Francisco Xavier[3], neste mesmo púlpito pregou S. Francisco de Borja[4]; e eu, que tenho o mesmo hábito, por que não pregarei a sua doutrina, já que me falta o seu espírito?

1. **dos que professam ser mortos ao mundo.** Aqueles que fazem acreditarmos serem elevados, místicos, afastados do mundo. Ironia.
2. **Aqueles Patriarcas.** Os antigos religiosos tais como, em seguida, cita.
3. **Neste mesmo púlpito pregou S. Francisco Xavier.** S. Francisco Xavier nasceu em Navarra, Espanha, 1506. Em 1540, esteve em Lisboa e pregou no mesmo púlpito em que Vieira agora prega.
4. **S. Francisco de Borja.** Nasceu em 1510, vice-rei de Catalunha, Superior Geral da Companhia de Jesus. Pregou em 1571 no mesmo Púlpito em que Vieira prega agora.

Comentários ao Nono Capítulo

"Sabeis, Cristãos, a causa por que se faz hoje tão pouco fruto com tantas pregações? É porque as palavras dos pregadores são palavras, mas não são palavras de Deus". Finalmente, o orador encontra a causa que vem perseguindo desde o início. Analisou a pessoa que prega, o estilo de quem prega, a matéria que prega, a ciência de quem prega e a voz de quem prega. Nestas cinco circunstâncias não encontrou a causa que propôs buscar. É certo que ao analisar a matéria que prega o pregador, poder-se-ia imaginar que lá está anunciada a causa que anuncia aqui. Contudo, o orador cuidou da extensão da matéria e não da essência da matéria, matéria em sua questão central. A matéria aqui é que pregam palavras, mas as palavras que pregam, não são palavras de Deus; pregam vaidade, semeiam vento, colhem tormenta. Então:

A) Os pregadores pregam, mas não pregam a palavra de Deus;
B) Os pregadores pregam, mas não pregam a verdade;
C) Os pregadores pregam, mas não acreditam naquilo que pregam.

O orador imagina uma contra-argumentação: "mas dir-me-eis Padre, os pregadores de hoje não pregam do Evangelho, não pregam das Sagradas Escrituras?" Uma interpretação extensiva:

Os pregadores de hoje não pregam do Antigo Evangelho – Torá; do novo Evangelho – Cristão; do Alcorão (Islâmico)? Responde o sermonista: "Pregam palavras de Deus, mas não pregam a palavra de Deus". Duas vezes o substantivo "palavra". A primeira no plural e sem o artigo definido "a". A segunda, no singular, precedida pelo artigo definido "a". Já se percebe a diferença entre "pregar palavras de Deus" e "pregar a palavra de Deus". Antes que o orador as diferencie, gramaticalmente, os ouvintes percebem que "pregar palavras de Deus" é pregar palavras no sentido que o pregador quer, mas "pregar a palavra de Deus" é pregar a palavra no sentido em que Deus disse.

O orador oferece dois exemplos. O Demônio tenta a Cristo a que fizesse das pedras pão (não apenas de pão vive o homem, mas de toda a palavra que sai da boca de Deus – Mateus 4/4). O demônio leva-o ao Templo e, citando Mateus 4/6, pede que se atire do alto, que os anjos o tomarão nos braços. O Diabo tentou a Cristo com as escrituras e Cristo defendeu-se do Diabo com as escrituras. É uma questão semântica. Tomar a palavra do Evangelho no sentido que a escritura lhe deu, é próprio do pregador autêntico; tomar a palavra do Evangelho, no sentido que se quer tomar, é próprio do pregador desonesto. O pregador desonesto toma a palavra do Evangelho no sentido que bem entenda, para defender seus interesses mundanos, em nome de sua própria vaidade. "Escrituras mal interpretadas... essa é a tentação de que mais padece hoje a Igreja". "Hoje" refere se a 1655 como também à modernidade. Religiosos em guerra, derrubando prédios, matando inocentes, fazem toda desgraça em nome de Deus. Dizem estar defendendo sua fé. E interpretam a Bíblia, o Alcorão, o Torá como bem entendam. "Dizei-me pregadores..." O orador dirige diretamente aos maus pregadores, interrogando-os com veemência. Esses assuntos inúteis que tantas vezes defendem, essas empresas que prosseguem , acharam vocês nos Profetas do Testamento Velho ou nos Apóstolos e Evangelistas do Testamento Novo? Permita-nos uma interpretação extensiva. Existem na Bíblia Cristã ou no Alcorão ou no Torá alguma passagem que justifique a perseguição aos judeus, as cruzadas, a explosão de bombas em aeronaves, em templos, em mercados, em edifícios? Existe algum texto bíblico que justifique a escravidão negra no Brasil ou a execução de milhões de índios americanos, ambas protegidas pela pregação religiosa? Se naquelas escrituras não há texto que justifique aquelas ações como podem afirmar seus executores que as executam em nome de Deus? É fácil, então, imaginar como hoje faz tão pouco fruto a palavra de Deus. O orador cita um exemplo de interpretação falsa. A palavra "templo" é usada em dois sentidos. Cristo usou "templo" no sentido de seu corpo místico. As testemunhas que o acusam, usaram "templo" no sentido de edificações. Dois sentidos: sentido espiritual e sentido físico. Jesus falou "templo" no sentido espiritual: ... havia de reedificar o templo em três dias, caso fosse destruído. As falsas testemunhas tomaram "templo" no sentido físico: ouviram Cristo dizer que, se os judeus destruíssem o templo, ele o tornaria a reedificar em três dias. O orador termina a exposição desta passagem, dirigindo-se diretamente a Deus. Lamentando a quantidade excessiva de religiosos pregadores

– verdadeiros falsos testemunhos, contaminando pela imaginação, vaidade, fantasias e fábulas. Com tanta falsidade, nossos tempos são miseráveis. Com tanta falsidade, os homens fecharão os ouvidos à verdade e abri-los-ão às fábulas. "Fábula" tem dois sentidos: fingimento e comédia. Fingimento porque são pensamentos aéreos, sem fundamento de verdade. Comédia porque os ouvintes assistem à pregação como se assistissem a uma representação teatral. Há quem diga que as comédias não existem mais em Portugal. A Espanha trouxe a comédia aos lusitanos, enquanto os dominou, de 1580 a 1640. Com a restauração da soberania portuguesa, em 1640, acabaram-se as comédias em Portugal. Não se acabaram, diz o orador. Passaram do Teatro às Igrejas. As comédias de Plauto, Terêncio e Sêneca são mais verdadeiras, mais autênticas do que as que se ouvem nos púlpitos. Desgraçados de nós que ouçamos maiores exemplos para a vida, nos versos de autores profanos e pagãos, que nas pregações de um orador cristão e religioso. São Paulo disse pouco quando chamou algumas pregações de comédia. Não é comédia; é farsa. Farsa é a peça burlesca de teatro; texto teatral ridículo, chulo; pantomima. Assim são algumas pregações religiosas.

O orador se propõe a descrever e narrar esta farsa que se assiste no púlpito.

Palco: o púlpito da Igreja Católica;

Personagem: um pregador da Igreja Católica, certamente um sacerdote dominicano;

Vestimenta: hábito de penitência; mortalha;

Aparência do Personagem: um pregador dos que professam ser mortos ao mundo; alma elevada, místico; afastado do mundo. Hipócrita.

Abre-se a cortina: a vista é de horror, o nome de reverência, a matéria de compunção, a dignidade de oráculo; silêncio absoluto.

Cena 1: na mente dos espectadores representa-se uma cena ideal. O palco, o personagem, sua vestimenta e aparência, o silêncio absoluto, fazem os espectadores a esperar uma trombeta do céu, um raio para os corações, um Elias, que com a voz e gesto há de fazer os vícios pó e cinza.

Cena 2: os espectadores acordam daquele sonho e, na verdade, assistem a uma voz muito afetada e muito polida, a motivar desvelos a acreditar empenhos, a requintar finezas, a lisonjear precipícios, a brilhar auroras, a derreter cristais, a desmaiar jasmins, a toucar primaveras.

Cena 3: os espectadores entendem perfeitamente ao que assistem. Não assistem a uma pregação religiosa.

A peça teatral a que assistem, não é comédia. Na comédia o rei veste como rei e fala como rei; o lacaio veste como lacaio e fala como lacaio; o rústico veste como rústico e fala como rústico; mas um pregador, vestir como religioso e falar como... palhaço. É uma farsa.

Cena 4: Na mente dos espectadores, representa-se uma cena ideal. No púlpito surgem São Francisco Xavier e São Francisco de Borja, pregando o verdadeiro Sermão, já que pregam a palavra de Deus. O orador consegue provar e demonstrar o que se propôs. Fazer tão pouco fruto a palavra de Deus no mundo tem uma causa: os pregadores não pregam a palavra de Deus.

Inferem do texto bíblico interpretações falsas; arquitetam sofismas; usam a palavra de Deus em sentido diverso do sentido que o texto diz. Pregam comédias. Pior. Pregam farsas. A fábula e o fingimento são sua retórica. Inautênticos, hipócritas, revestidos de uma linguagem pomposa, afetada, rebuscada, mas vazia.

A Título de Intertextualidade

Padre Antônio Vieira

"Sabeis, Cristãos, a causa por que se faz hoje tão pouco fruto com tantas pregações? É porque as palavras dos pregadores são palavras, mas não são palavras de Deus... Mas se as palavras dos pregadores não são palavras de Deus, que muito que não tenham a eficácia e os efeitos da palavra de Deus?... Pregam palavras de Deus, mas não pregam a palavra de Deus... As palavras de Deus, pregadas no sentido em que Deus as disse, são palavras de Deus; mas pregadas no sentido que nós queremos, não são palavras de Deus, antes podem ser palavras do Demônio... É esse o sentido em que os entendem os padres da Igreja? É esse o sentido da mesma gramática das palavras?"

André Comte – Sponville
"Pequeno tratado das Grandes Virtudes"
Editora Martins Fontes

"A boa-fé"

Falta-me uma palavra aqui para designar, entre todas essas virtudes, a que rege nossas relações com a verdade. Pensei primeiro em *sinceridade*, depois em *veracidade* ou *veridicidade* (que seria melhor, mas que o uso não abonou), antes de pensar, por um tempo, em *autenticidade*... Decidi-me finalmente por *boa-fé*, sem desconhecer que essa opção pode exceder o uso comum da palavra. Mas é boa-fé, por não ter encontrado palavra melhor.

O que é a boa-fé? É um fato, que é psicológico, e uma virtude, que é moral. Como fato, é a conformidade dos atos e das palavras com a vida interior, ou desta consigo mesma. Como virtude, é o amor ou o respeito à verdade, e a única fé que vale. Virtude *aletheiogal* (Do grego *aletheia* que significa verdade), porque tem a própria vontade como objeto.

Não, claro, que a boa-fé valha como certeza, nem mesmo como verdade (ela exclui a mentira, não o erro), mas que o homem de boa-fé tanto diz o que acredita, mesmo que esteja enganado, como acredita no que diz. É por isso que a boa-fé é uma fé, no duplo sentido do termo, isto é, uma crença ao mesmo tempo em que uma fidelidade. É crença fiel, e fidelidade no que se crê. Pelo menos enquanto se crê que seja verdade. Vimos, a propósito da fidelidade, que ela devia ser fiel antes de tudo ao verdadeiro: isso define muito bem a boa-fé. Ser de boa-fé não é sempre dizer a verdade, pois podemos nos enganar, mas é pelo menos dizer a verdade sobre o que cremos, e essa verdade, ainda que a crença seja falsa, nem por isso seria menos verdadeira. É o que se chama também de sinceridade (ou veracidade, ou franqueza), e o contrário da mentira, da hipocrisia, da duplicidade, em suma, de todas as formas, privadas ou públicas, da má-fé. Há mais, porém, na boa-fé do que na sinceridade – em todo caso é uma distinção que proponho. Ser sincero é não mentir a outrem; ser de boa-fé é não mentir nem ao outro nem a si. A solidão de Robinson, em sua ilha, dispensava-o de ser sincero (pelo menos até a chegada de Sexta-feira) e até tornava essa virtude sem objeto. Nem por isso a boa-fé deixava de ser necessária, em todo caso louvável e devida. A quem? A si, e isso basta.

A boa-fé é uma sinceridade ao mesmo tempo transitiva e reflexiva. Ela rege, ou deveria reger, nossas relações tanto com outrem como conosco mesmos. Ela quer, entre os homens como dentro de cada um deles, o máximo de verdade possível, de autenticidade possível, o mínimo, em consequência, de artifícios ou dissimulações. Não há sinceridade absoluta, mas tampouco há amor ou justiça absolutos: isso não nos impede de tender a elas, de nos esforçar para alcançá-las, de às vezes nos aproximarmos delas um pouco... A boa-fé é esse esforço, e esse esforço já é uma virtude. Virtude intelectual, se quisermos, pois refere-se à verdade, mas que põe em jogo (já que tudo é verdadeiro, até nossos erros, que são verdadeiramente errados, até nossas ilusões, que são verdadeiramente ilusórias) a totalidade de um indivíduo, corpo e alma, sensatez e loucura. É a virtude de Montaigne e sua primeira palavra: *"É este um livro de boa-fé, leitor..."* É também, ou deveria ser, a virtude por excelência dos intelectuais em geral e dos filósofos em particular. Os que dela carecem em excesso, ou que se pretendem livres dela, não são mais dignos desses nomes que os lisonjeiam e que eles desacreditam. O pensamento não é apenas um ofício, nem uma diversão. É uma exigência: exigência humana, e talvez a primeira virtude da espécie. Não foi suficientemente notado que a invenção da linguagem não cria em si mesma nenhuma verdade (pois todas elas são eternas), mas traz isto, que é novo: a possibilidade, não apenas da astúcia ou do logro, como nos animais, mas da mentira. *Homo loquax: homo mendax.* O homem é um animal que pode mentir, e que mente. É o que torna a boa-fé logicamente possível, e moralmente necessária.

Dir-se-á que a boa-fé não prova nada; estou de acordo. Quantos canalhas sinceros, quantos horrores consumados de boa-fé? E, muitas vezes, o que há de menos hipócrita que um fanático? Os tartufos são legião, porém menos numerosos talvez, e menos perigosos, que os savonarolas e seus discípulos. Um nazista de boa-fé é um nazista: de que adianta sua sinceridade? Um canalha autêntico é um canalha: de que adianta sua autenticidade? Como a fidelidade ou a coragem, a boa-fé tampouco é uma virtude suficiente ou completa. Ela não substitui a justiça, nem a generosidade, nem o amor. Mas que seria uma justiça de má-fé? Que seriam um amor ou uma generosidade de má-fé? Já não seriam justiça, nem amor, nem generosidade, a não ser que corrompidos à força de hipocrisia, de cegueira, de mentira. Nenhuma virtude é verdadeira, ou não é verdadeiramente virtuosa sem essa virtude de verdade. Virtude sem boa-fé é má-fé, não é virtude."

André Comte – Sponville preferiu "boa-fé" à sinceridade ou à veracidade ou à veridicidade, ou mesmo à autenticidade. Boa-fé é a conformidade dos atos e das palavras com a vida interior. É a palavra de Deus no texto de Vieira. Para Vieira, a comunicação é inócua quando não se prega a verdade (a palavra de Deus). Para Comte-Sponville, justiça, generosidade e amor sem boa-fé estariam corrompidos pela hipocrisia, pela cegueira e pela mentira. Só convence quem prega a palavra de Deus (Vieira). Boa-fé é a crença fiel, e fidelidade naquilo que se crê (Comte-Sponville). Poderíamos escrever assim: Sabeis, Cristãos, a causa por que se faz hoje tão pouco fruto com tanta pregação? É porque as palavras dos pregadores são de má-fé e não de boa-fé.

Capítulo Décimo

Três Parágrafos

I

Dir-me-eis o que a mim me dizem, e o que já tenho experimentado, que, se pregamos assim, zombam de nós os ouvintes, e não gostam de ouvir[1]. Oh, boa razão para um servo de Jesus Cristo! Zombem e não gostem embora, e façamos nós nosso ofício![2] A doutrina de que eles zombam, a doutrina que eles desestimam, essa é a que lhes devemos pregar, e por isso mesmo, porque é mais proveitosa e a que mais hão mister[3]. O trigo que caiu no caminho comeram-no as aves[4]. Estas aves, como explicou o mesmo Cristo, são os demônios, que tiram a palavra de Deus dos corações dos homens: Venit Diabolus, et tollit verbum de corde ipsorum![5] Pois por que não comeu o Diabo o trigo que caiu entre os espinhos, ou o trigo que caiu nas pedras, senão o trigo que caiu no caminho? Porque o trigo que caiu no caminho: Conculcatum est ab hominibus: Pisaram-no os homens; e a doutrina que os homens pisam, a doutrina que os homens desprezam, essa é a de que o Diabo se teme. Dessoutros conceitos, dessoutros pensamentos, dessoutras sutilezas que os homens estimam e prezam, dessas não se teme nem se acautela o Diabo, porque sabe que não são essas as pregações que lhe hão-de tirar as almas das unhas. Mas daquela doutrina que cai: Secus viam: daquela doutrina que parece comum: Secus viam; daquela doutrina que parece trivial: Secus viam; daquela doutrina que parece trilhada: Secus viam; daquela doutrina que nos põe em caminho e em via da nossa salvação (que é a que os homens pisam e a que os homens desprezam), essa é a de que o Demônio se receia e se acautela, essa é a que procura comer e tirar do Mundo; e por isso mesmo essa é a que deviam pregar os pregadores, e a que deviam buscar os ouvintes. Mas se eles não o fizerem assim e zombarem de nós, zombemos nós tanto de suas zombarias como dos seus aplausos. Per infamiam et bonam famam[6], diz S. Paulo: O pregador há-de saber pregar com fama e sem fama. Mais diz o Apóstolo: Há-de pregar com fama e com infâmia. Pregar o pregador para ser afamado, isso é mundo, mas infamado, e pregar o que convém, ainda que seja com descrédito de sua fama?[7] isso é ser pregador de Jesus Cristo.

1. **se pregamos assim, zombam de nós os ouvintes, e não gostam de ouvir.** Assim como? Assim como os Patriarcas como S. Francisco Xavier, como S. Francisco de Borja, em oposição àqueles que descreve no capítulo anterior: a motivar desvelos; a acreditar empenhos, a requintar finezas; a lisonjear precipícios; a brilhar auroras; a derreter cristais; a desmaiar jasmins; a toucar primaveras; e outras mil indignidades destas.
2. **Zombem e não gostem embora, e façamos nós nosso ofício!** Embora zombem e não gostem, façamos nós nosso ofício.
3. **e a que mais hão mister.** E a que mais tem necessidade.
4. **o trigo...** comeram-no as aves. Objeto direto pleonástico.
5. **Venit Diabolus, et tollit verbum de corde ipsorum!** Aparece o diabo e tira a palavra do seu coração. Lucas 8/12.
6. **Per infamiam et bonam famam.** Na má e na boa reputação. 2Coríntios 6/8.
7. **... ainda que seja com descrédito de sua fama?** Observe o jogo de palavra: com fama, e sem fama; com fama, e com infâmia, para ser afamado, mas infamado.

II

Pois o gostarem ou não gostarem os ouvintes! Oh, que advertência tão digna! Que médico há que repare no gosto do enfermo, quando trata de lhe dar saúde? Sarem e não gostem; salvem-se e amargue-lhes, que para isso somos médicos das almas. Quais vos parece que são as pedras sobre que caiu parte do trigo do Evangelho? Explicando Cristo a parábola, diz que as pedras são aqueles que ouvem a pregação com gosto: Hi sunt, qui cum gaudio suscipiunt verbum[1]. Pois será bem que os ouvintes gostem e que no cabo fiquem pedras?! Não gostem e abrandem-se; não gostem e quebrem-se; não gostem e frutifiquem. Este é o modo com que frutificou o trigo que caiu na boa terra: Et fructum afferunt in patientia[2], conclui Cristo. De maneira que o frutificar não se ajunta com o gostar[3], senão com o padecer; frutifiquemos nós, e tenham eles paciência. A pregação que frutifica, a pregação que aproveita, não é aquela que dá gosto ao ouvinte, é aquela que lhe dá pena.

Quando o ouvinte a cada palavra do pregador treme; quando cada palavra do pregador é um torcedor para o coração do ouvinte; quando o ouvinte vai do sermão para casa confuso e atônito, sem saber parte de si, então é a preparação qual convém, então se pode esperar que faça fruto: Et fructum afferunt in patientia.

1. **Hi sunt, qui cum gaudio suscipiunt verbum.** Lucas 8/13 – As que caiu sobre a pedra são os que, ouvindo a palavra, a receberam com alegria.
2. **Et fructum afferunt in patientia.** E produzem fruto pela paciência. Lucas 8/15.
3. **De maneira que o frutificar não se ajunta com o gostar.** O frutificar não se coaduna, não se harmoniza, não está em concerto com o gostar.

III

Enfim, para que os pregadores saibam como hão-de pregar e os ouvintes a quem hão-de ouvir, acabo com um exemplo do nosso Reino, e quase dos nossos tempos. Pregavam em Coimbra dois famosos pregadores, ambos bem conhecidos por seus escritos; não os nomeio, porque os hei-de desigualar[1]. Altercou-se entre alguns doutores da Universidade qual dos dois fosse maior pregador; e como não há juízo sem inclinação, uns diziam este, outros, aquele. Mas um lente, que entre os mais tinha maior autoridade, concluiu desta maneira: «Entre dois sujeitos tão grandes não me atrevo a interpor juízo; só direi uma diferença, que sempre experimento: quando ouço um, saio do sermão muito contente do pregador; quando ouço outro, saio muito descontente de mim[2]. Com isto tenho acabado. Algum dia vos enganastes tanto comigo, que saíeis do sermão muito contentes do pregador; agora quisera eu desenganar-vos tanto, que saíreis muito descontentes de vós. Semeadores do Evangelho, eis aqui o que devemos pretender nos nossos sermões: não que os homens saiam contentes de nós, senão que saiam muito descontentes de si; não que lhes pareçam bem os nossos conceitos, mas que lhes pareçam mal os seus costumes, as suas vidas, os seus passatempos, as suas ambições e, enfim, todos os seus pecados. Contanto que se descontentem de si, descontentem-se embora de nós. Si hominibus placerem, Christus servus non essem³, dizia o maior de todos os pregadores, S. Paulo: Se eu contentara aos homens, não seria servo de Deus. Oh, contentemos a Deus, e acabemos de não fazer caso dos homens! Advirtamos que nesta mesma Igreja há tribunas mais altas que as que vemos: Spectaculum facti sumus Deo, Angelis et hominibus⁴. Acima das tribunas dos reis, estão as tribunas dos anjos, está a tribuna e o tribunal de Deus, que nos ouve e nos há-de julgar. Que conta há-de dar a Deus um pregador no Dia do Juízo? O ouvinte dirá: Não mo disseram. Mas o pregador? Vae mihi, quia tacui⁵: Ai de mim, que não disse o que convinha! Não seja mais assim, por amor de Deus e de nós. Estamos às portas da Quaresma, que é o tempo em que principalmente se semeia a palavra de Deus na Igreja, e em que ela se arma contra os vícios. Preguemos e armemo-nos todos contra os pecados, contra as soberbas, contra os ódios, contra as ambições, contra as invejas, contra as cobiças, contra as sensualidades. Veja o Céu que ainda tem na terra quem se põe da sua parte. Saiba o Inferno que ainda há na terra quem lhe faça guerra com a palavra de Deus, e saiba a mesma terra que ainda está em estado de reverdecer e dar muito fruto: Et fecit fructum centuplum.

1. **porque os hei-de desigualar.** Segundo Margarida Vieira Mendes, na "Oratória Barroca de Vieira", citada no livro "Sermões" do Centro de Estudos de Filosofia de Lisboa, no momento que o Sermão foi pregado (1655) Vieira identificou ambos os oradores: o Padre Foreiro, dominicano, e o Padre Barradas, jesuíta. Trinta e cinco anos depois, ao organizar seus sermões para publicação, Vieira os exclui do texto.
2. **quando ouço um, saio do sermão muito contente do pregador; quando ouço outro, saio muito descontente de mim.** O primeiro é o dominicano e o ouvinte fica contente em ouvi-lo. O segundo é o jesuíta e o ouvinte fica descontente de si. Ora, seguindo Vieira, o jesuíta é superior ao dominicano.
3. **Si hominibus placerem, Christus servus non essem.** Se agradasse os homens, não seria eu servo de Cristo.
4. **Spectaculum facti sumus Deo, Angelis et hominibus.** Somos dados em espetáculo a Deus, aos anjos e aos homens. 1 Coríntios 4/9.
5. **Vae mihi, quia tacui.** Ai de mim que me calei. Isaías 6/5.

Comentários ao Décimo Capítulo

O orador inicia o capítulo dizendo que Sermão pregado ao estilo de São Francisco Xavier e São Francisco de Borja provoca a zombaria dos ouvintes. Pouco importa. Sua função e missão é a salvação das almas. As aves só comeram o trigo que caiu no caminho. Não comeram o trigo que caiu entre espinhos e pedras. Por quê? As aves são os demônios que tiram a palavra dos corações dos homens... e o demônio só come o trigo que foi pisado pelo homem. O Sermão que os ouvintes desprezam, o Diabo teme. O sermão que os ouvintes gostam, o Diabo lhe é indiferente, porque não é este o sermão que lhe tira a alma da sua garra.

O pregador há de saber pregar com fama (com renome; com celebridade; com reputação; com glória) como também pregar sem fama. Há de pregar com fama e com infâmia (com má fama, desonra, ignomínia). Pregar o pregador para ser afamado (notável, insigne, celebrado), isto é o mundo; mas infamado (sem renome, sem celebridade, sem glória), e pregar o que convém, ainda que seja com descrédito de sua fama? Isso é ser pregador de Jesus Cristo.

A metáfora que o orador faz com a medicina, é didática, compreensível por qualquer ouvinte. Qual médico consulta o doente para lhe administrar remédio, atendendo seu sabor e gosto? Sarem e não gostem. O pregador é médico da alma. Pouco importa que não gostem do sermão. É melhor ir ao céu com o sermão de que não goste que ir ao inferno com o sermão de que goste. A pregação que frutifica, é aquela que dá pena e não gosto.

Bom sermão faz o ouvinte tremer, ou seja, é eficaz e não inócuo. O bom sermão deixa o ouvinte confuso e atônito, ou seja, perturba-lhe as convicções mesquinhas. O sermão faz fruto quando transforma o ouvinte em um homem novo. O sermão faz renascer.

O orador dá um exemplo concreto. Fala de dois pregadores sem lhes citar os nomes, mas sabemos serem eles Padre Foreiro (dominicano) e Padre Barradas (Jesuítas). Pregavam em Coimbra. Os doutores da universidade tinham, cada um deles, a preferência do melhor pregador. Mas um lente, resumiu em poucas linhas. O melhor pregador era o jesuíta, pois quando o ouvia ficava descontente de si e quando ouvia o dominicano ficava contente do pregador. Com o caso real, Vieira quer nos ensinar que o Sermão pode nos deixar fascinado pelo pregador ou nos deixar revoltado conosco mesmo.

Só aquele que nos deixa revoltado conosco mesmo faz tremer o coração, confundir o cérebro e indicar novos caminhos. Espera o sermonista que os ouvintes saiam do sermão, descontentes deles mesmos.

As tribunas têm hierarquia:

- Tribuna de Deus
- Tribuna dos Anjos
- Tribuna dos Reis
- Tribuna da Igreja

As Tribunas dos Anjos e a Tribuna de Deus é um aviso expresso às autoridades eclesiásticas e monarcas de que serão também julgados. Não estão, pois, isentos de responsabilidade. Podem as constituições declararem que os Reis e os Papas, na Terra não estão sujeitos à responsabilidade alguma. Mas responderão pelos seus atos junto à Tribuna Superior. O Pregador também dará à Tribuna Superior conta de seus atos. O Sermão da Sexagésima se faz às portas da Quaresma. É a oportunidade de se lutar contra o vício: soberba, ódio, ambição, inveja, cobiça, sensualidade.

"Veja o céu que ainda tem na terra quem se põe da sua parte". O verbo é "ver", apenas constatar. O orador nos declara que grande parcela da humanidade está ao lado do bem, do bom, do belo. Há homens, na terra, contrários à violência e à justiça. O bem tem parceiro na Terra "Saiba o Inferno que ainda há na terra quem lhe faça guerra". O verbo é "saber"; não se pede para constatar ou certificar. O orador nos declara que grande parcela da humanidade faz guerra contra a miséria e a injustiça; contra a violência e a perseguição; contra a vaidade e a cobiça; contra as soberbas e as ambições. "E saiba a mesma terra que ainda está em estado de reverdecer e dar muito fruto". O verbo é "saber"; basta constatar. Esta terceira proposição com a qual Vieira termina o Sermão, é o resultado da primeira e da segunda. Se é verdade que na terra há quem esteja ao lado do céu... se também é verdade que na terra há quem faça guerra contra o inferno... então é de supor que a mesma terra está em estado de reverdecer, avigorar-se, tornar-se nova, remoçar-se, renascer.

A Título de Intertextualidade

Padre Antônio Vieira:

"Enfim, para que os pregadores saibam como hão-de pregar e os ouvintes a quem hão-de ouvir, acabo com um exemplo do nosso Reino, e quase dos nossos tempos. Pregavam em Coimbra dois famosos pregadores, ambos bem conhecidos por seus escritos; não os nomeio, porque os hei-de desigualar. Altercou-se entre alguns doutores da Universidade qual dos dois fosse maior pregador; e como não há juízo sem inclinação, uns diziam este, outros, aquele. Mas um lente, que entre os mais tinha maior autoridade, concluiu desta maneira: «Entre dois sujeitos tão grandes não me atrevo a interpor juízo; só direi uma diferença, que sempre experimento: quando ouço um, saio do sermão muito contente do pregador; quando ouço outro, saio muito descontente de mim".

Olavo Bilac

"Aos Jovens Brasileiros
Boletim da Liga da Defesa Nacional

É a falta de crença que cria e mantém a mais perniciosa das castas de que se compõem as sociedades: a dos indiferentes.

Dante, quando entrou no Inferno, ainda no vestíbulo da morada dos eternos castigos, antes de visitar o vórtice dos nove círculos horríveis, encontrou uma triste multidão, cujos longos gemidos ressoavam no ar escuro, na temerosa noite em que não ardiam estrelas. Eram as sombras dos "sem alma", dos neutros, dos indiferentes, dos que vivem sem merecer louvor nem desprezo.

O mundo está cheio de almas como estas: não são boas nem más; atravessam a existência sem fé, sem entusiasmo, sem ideal — pobre rebanho de consciências débeis, de vontades enfermas, de corações sem asas... Condenou-as Dante, porque elas não aproveitam a vida que Deus lhes concedeu; vivem sem viver, e não deixam no mundo memória sua; e, ao mesmo tempo, as desprezam a Justiça e a Misericórdia.

Os indiferentes são ainda piores do que os maus. Porque os maus podem algum dia ser bons. Mas não se pode extrair bondade dos que não são bons nem maus — entes amorfos, indolentes, apáticos, que têm olhos e não querem ver, têm nervos e não querem sentir, têm cérebro e não querem pensar...

Fugi da indiferença, interessai-vos por tudo, e tende crença! O pessimismo é uma enfermidade repugnante."

Bilac, falando aos jovens brasileiros, lança no inferno de Dante, a alma dos neutros, dos indiferentes, dos que vivem sem merecer louvor nem desprezo. Os abúlicos, os sem vontade, os que não são contra nem a favor. Para Vieira, quem sai de um sermão, descontente consigo mesmo, entendeu a mensagem, pode corrigir-se, pode aprimorar-se, pode inovar-se: renascimento. Há homens que indiferentes ouvem uma poesia, um discurso, uma música, como também indiferentes assistem a um filme ou a uma peça teatral (saem contentes do pregador). Há outros homens, no entanto, que após ter ouvido uma obra de arte ou assistido a ela, saem pensativos, preocupados com sua própria formação, com a vontade veemente de renovar-se e renascer (saem descontentes de si mesmo). A arte pode renovar o ser humano.

Aos indiferentes não existe arte que lhes amolde a vida nem pregação que lhes adoce a alma e eleve o espírito.

Sumário

Sermão da Sexagésima,
pregado na Capela Real de Lisboa, em 1655
Semen est verbum Dei

Introdução – Capítulo I e II

Capítulo I – "... tratarei nele (no Sermão) uma matéria de grande peso e importância. Servirá como prólogo aos Sermões que vos hei de pregar, e aos mais que ouvirdes esta Quaresma"

Capítulo II – "... se a palavra de Deus é tão poderosa, se a palavra de Deus tem hoje tantos pregadores, por que não vemos hoje nenhum fruto a palavra de Deus?"

Desenvolvimento – Capítulos III – IV – V – VI – VII e VIII

Capítulo III – "Fazer pouco fruto a palavra de Deus no mundo pode proceder de um de três princípios: ou da parte do pregador, ou da parte do ouvinte, ou da parte de Deus". "Primeiramente por parte de Deus não falta, nem pode faltar". "E se a palavra de Deus até nas pedras, até nos espinhos nasce, não triunfar dos alvedrios hoje a palavra de Deus, nem nascer nos corações, não é por culpa, nem por indisposição dos ouvintes". "Sabeis, Cristãos, por que não faz fruto a palavra de Deus? Por culpa dos pregadores. Sabeis, Pregadores, por que não faz fruto a palavra de Deus? Por culpa nossa".

Capítulo IV – "No Pregador podem-se considerar cinco circunstâncias: a Pessoa, a Ciência, a Matéria, o Estilo, a Voz. A pessoa que é, a ciência que tem, a matéria que trata, o estilo que segue, a voz que fala". "Será por ventura a não fazer fruto a palavra de Deus pela circunstância da pessoa?" "Jonas fugitivo de Deus, desobediente, contumaz, pouco caritativo, pouco misericordioso... este mesmo homem converteu o maior Rei, a maior Corte e o maior Reino do Mundo... Outra logo é a causa que buscamos. Qual será?"

Capítulo V – "Será por ventura o estilo que se usa nos púlpitos?" "... mas como os cultos pelo polido e estudado se defendem com o grande Nazianzeno... e pelo escuro e duro, com Clemente... Qual será logo a causa da nossa queixa?"

Capítulo VI - "Será pela matéria ou matérias que tomam os pregadores?" "... nem por isso entendo que seja, ainda, esta a verdadeira causa que busco".

Capítulo VII – "Será, por ventura, a falta de ciência que há em muitos pregadores?" "Contudo eu não me firmo de todo nesta razão, porque do grande Batista sabemos que pregou o que tinha pregado Isaías...Deixo o que tomou Santo Ambrósio de São Basílio; São Próspero e Beda de Santo Agostinho, Teofilato e Eutímio de São João Crisóstomo".

Capítulo VIII – "Será finalmente a causa, que tanto há buscamos, a voz com que hoje falam os pregadores?" "Em conclusão que a causa de não fazerem hoje fruto os pregadores com a palavra de Deus, nem é a circunstância da pessoa; nem a do estilo; nem a da matéria; nem a da ciência; nem a da voz. Moisés tinha fraca voz; Amós tinha grosseiro estilo; Salamão multiplicava e variava os assuntos; Balaão não tinha exemplo de vida; o seu animal não tinha ciência; e contudo todos estes, falando, persuadiam e convenciam. Pois se nenhuma destas razões que discorremos, nem todas elas juntas são a causa principal nem bastante do pouco fruto que hoje faz a palavra de Deus, qual diremos finalmente que é a verdadeira causa?"

Conclusão – Capítulos IX e X

Capítulo IX – "As palavras que tomei por tema o dizem. Semen est verbum Dei. Sabeis, Cristãos, a causa por que se faz hoje tão pouco fruto com tantas pregações? É porque as palavras dos pregadores são palavras, mas não são palavras de Deus. Falo do que ordinariamente se ouve. A palavra de Deus (como dizia) é tão poderosa e tão eficaz, que não só na boa terra faz fruto, mas até nas pedras e nos espinhos nasce. Mas se as palavras dos pregadores não são palavras de Deus, que muito que não tenham a eficácia e os efeitos da palavra de Deus? Quem semeia ventos, colhe tempestades. Se os pregadores semeiam vento, se o que se prega é vaidade, se não se prega a palavra de Deus, como não há a Igreja de Deus de colher tormenta, em vez de colher fruto?"

Capítulo X – "Preguemos e armemo - nos todos contra os pecados, contra as soberbas, contra os ódios, contra as ambições, contra as invejas, contra as cobiças, contra as sensualidades. Veja o Céu que ainda tem na terra quem se põe da sua parte. Saiba o Inferno que ainda há na terra quem lhe faça guerra com a palavra de Deus, e saiba a mesma terra que ainda está em estado de reverdecer e dar muito fruto."

Bibliografia

Curso de Literatura
Jorge Miguel - Editora Harbra

Curso de Literatura I - Das origens do Arcadismo
Jorge Miguel - Editora Harbra

Curso de Literatura II - Do Romantismo ao Simbolismo
Jorge Miguel - Editora Harbra

Curso de Literatura III - Modernismo
Jorge Miguel - Editora Harbra

Curso de Redação
Jorge Miguel - Editora Harbra

Curso de Língua Portuguesa
Jorge Miguel - Editora Harbra

Estudos de Língua Portuguesa
Jorge Miguel - Editora Harbra

História de Antônio Vieira - Tomos I e II
João Lúcia de Azevedo - Alameda Casa Editora

Padre Antônio Vieira
Hernâni Cidade - Editorial Presença

Padre Antônio Vieira - 400 anos depois
Lélia Parreira Duarte, Maria Theresa Abelha Alves - Editora PUC Minas

Padre Antônio Vieira - O Texto em Análise
Antônio Afonso Borregana - Texto Editora

Padre Antônio Vieira e o Sermão de Santo Antônio aos Peixes
Francisco Martins - Areal Editores

Sermão de Santo Antônio aos Peixes - Padre Antônio Vieira
Prosa Barroca, Lígia Arruda - Edições Bonanza

Padre Antônio Vieira - Análise Comentada do Sermão de Santo Antônio aos Peixes
Helena Pires Nunes, Maria das Dores Marques - Sebenta Editora

Sermão de Santo Antônio aos Peixes de Padre Antônio Vieira - Análise da Obra
Fernanda Carrilho - Texto Editora

Sermão da Sexagésima: Uma arena de vozes
Dissertação apresentada à Banca Examinadora – PUC/SP - Lucimara de Oliveira

Argumentação e Persuasão: O Sermão da Sexagésima do Padre Antonio Vieira
Programa de Estudos Pós-Graduados PUC/SP - Sangria de Melo

Retórica e Pregação Religiosa no Sermão da Sexagésima de Padre Antônio Vieira
Programa de Pós-Graduação. Universidade de Santa Cruz do Sul
Roberto Teodoro Jung - Sermões – Tomo I
Padre Antônio Vieira
Centro de Estudos de Filosofia – Imprensa Nacional da Moeda-Lisboa

Sermão e Carta - Padre Antônio Vieira - Coleção Portugal
Joaquim Ferreira - Editora Porto

Sermões
Alcir Pécora - Editora Hedra

"Padre Antônio Vieira" - Um Esboço biográfico
Clóvis Bulcão - José Olímpio Editora

Obra Completa Padre Antônio Vieira
Direção de José Eduardo Franco e Pedro Calafate - Tomo II – Volume IV

Sermão e Carta de Padre Antônio Vieira - Coleção Portugal
Joaquim Ferreira, Domingos Barreira – Editor – Porto

COLEÇÃO INDISPENSÁVEL PARA CONCURSOS E VESTIBULARES

REDAÇÃO, INTERPRETAÇÃO DE TEXTOS E ESCOLAS LITERÁRIAS

ANÁLISE COMENTADA - POEMAS DE FERNANDO PESSOA E DE HETERÔNIMOS

ANÁLISE COMENTADA - SERMÃO DE SANTO ANTÔNIO AOS PEIXES DE PADRE ANTÔNIO VIEIRA

ANÁLISE COMENTADA - SERMÃO DO MANDATO DE PADRE ANTÔNIO VIEIRA

ANÁLISE COMENTADA - A POESIA LÍRICA CAMONIANA

DVS EDITORA

www.dvseditora.com.br